Horizonte

11

Geschichte Gymnasium Bayern

Hinweise für Lehrerinnen und Lehrer

Erarbeitet von
Dr. Ulrich Baumgärtner
Dr. Herbert Rogger
Dr. Wolf Weigand

westermann

Die Hinweise für Lehrerinnen und Lehrer sind erarbeitet worden von

PD Dr. Ulrich Baumgärtner (Hitlers willige Volksgenossen? Die Deutschen und der Holocaust/Die Bundesrepublik 1949 bis 1965 – Erfolg der Demokratie durch „Wohlstand für alle“?),

Dr. Herbert Rogger (Leben in der Ständegesellschaft des 15. bis 18. Jahrhunderts/Leben in der entstehenden Industriegesellschaft des 19. Jahrhunderts) und

Dr. Wolf Weigand (Die Weimarer Republik – Demokratie ohne Demokraten?/Die DDR – Eine deutsche Alternative?).

Eine kommentierte Linkliste finden Sie unter:
www.westermann.de/geschichte-linkliste

Druck A^5 / Jahr 2015
Alle Drucke der Serie A sind inhaltlich unverändert.

Redaktion: Christoph Meyer, Andrea Schulz, Dorle Bennöhr
Herstellung: Udo Sauter
Satz: Ottomedien, Hanhofen
Druck und Bindung: westermann druck GmbH, Braunschweig

ISBN 978-3-14-**191032**-2

Inhalt

A. Gesellschaft im Wandel - 15. bis 19. Jahrhundert

B. Demokratie und Diktatur - Probleme der deutschen Geschichte im 20. Jahrhundert

A. Gesellschaft im Wandel – 15. bis 19. Jahrhundert

I. Leben in der Ständegesellschaft des 15. bis 18. Jahrhunderts

Zum Aufbau des Kapitels

Das Kapitel besteht aus einer Auftaktdoppelseite, die in die Thematik einführt. In den zehn Teilkapiteln werden zunächst die rechtlichen und sozialen Grundlagen der Ständegesellschaft präsentiert (1–5), danach werden die essenziellen Informationen zu individueller, sozialer und wirtschaftlicher Existenz dargestellt.

Zur Auftaktseite (S. 6–7)

Das Bild aus dem Jahreszyklus von Hans Wertinger zeigt Bauern beim Frondienst. Das Bild führt typische Tätigkeiten und eine erkennbare soziale Differenzierung vor Augen. Der Text des französischen Historikers Fernand Braudel dient als Grundlage dafür, den Schülern die Fremdartigkeit dieser Zeit aufzuzeigen und ihr Interesse für die (oft als etwas spröde geltende) Thematik zu wecken.

Anregungen zur Unterrichtsgestaltung

Die Betrachtung weiterer Monatsbilder macht es den Schülern leichter, Vertrautes und Fremdes zu kontrastieren. In einer zweispaltigen Materialsammlung kann dies gesichert und visualisiert werden.

1. Ständeordnung (S. 8–10, S. 42–44)

Zum Aufbau des Teilkapitels

Es erfolgt zunächst eine Einführung in die Begrifflichkeit. Was versteht man unter einer „Ständegesellschaft“? Die Auffassung von „Ehre“ in der damaligen Definition stellt einen weiteren Schwerpunkt dar.

Zu den Materialien

M 3 Kleidertrachten aus Kirchberg, die Zeichnung aus der ersten Hälfte des 18. Jahrhunderts zeigt:

- in der oberen Reihe:
  - links: Sonn- und Feiertagskleidung eines Bürgers/ einer Bürgerin,
  - in der Mitte: Trauerkleidung,
  - rechts: Alltagskleidung eines Tuchmachergesellen.

  Benennung der Teile:
  a) Rock; b) Weste; c) Brustlatz; d) Mantel; e) Trauerhut; f) Halskrause; g) Handschuh; h) Schürze.
- In der unteren Reihe:
  - links: Braut- und Hochzeitskleidung (Braut und Bräutigam),
  - in der Mitte: Feier- und Festkleidung (Junggeselle und Jungfrau),

- rechts: Alltagskleidung einer Wollspinnerin.
Benennung der Teile:
a) Haube mit Spitzen oder Mütze; b) Brautkranz; c) Umbund, rotes Band; d) Haupt...; e) Carscheke (?); f) Halstuch; g) Halbrock; h) Rock; i) Maul...; k) Schürze; l) Kamisol (Unterjacke, kurzes Wams); m) Mieder; n) Muff; o) Wollrad

Fahrende Leute galten als unehrlich, da ihre Herkunft unbekannt war. Auch ihre Nachkommen waren selbstverständlich vom Handwerk ausgeschlossen. Sie wurden jedoch nicht nur vom Handwerk ausgegrenzt, sondern auch von der Obrigkeit schnell kriminalisiert. Dennoch waren sie auf Festen gern gesehene Gäste. Das Bild zeigt Akrobaten und Musikanten, die auch den „Unehrlichen" zugerechnet wurden. M 4

Zu den Aufgaben

2c) Der Papst steht an der Spitze der Ordnung, wodurch der Künstler eindeutig den katholischen Standpunkt vermittelt, was in Augsburg 1616 durchaus nicht selbstverständlich war. Interessant ist auch die Einbindung des vanitas-Gedankens.

4c) Traditionell konzentrierte man sich anfangs stärker auf die Opferrolle der Juden und berücksichtigte Phasen der Integration und sozialen Akzeptanz nicht hinreichend. Dies ist wohl vor dem Hintergrund der Erfahrung des „Dritten Reichs" zu erklären.

Anregungen zur Unterrichtsgestaltung

Das zumindest marginale Weiterexistieren von Teilen ständischer Strukturen soll mithilfe von Presseveröffentlichungen und Internet untersucht und in einem Schaubild zusammengefasst werden. Auch die Rolle der Juden in der heutigen Gesellschaft könnte mit einem Vertreter der örtlichen jüdischen Kultusgemeinde diskutiert werden.

Tafelbild 1: Ständegesellschaft

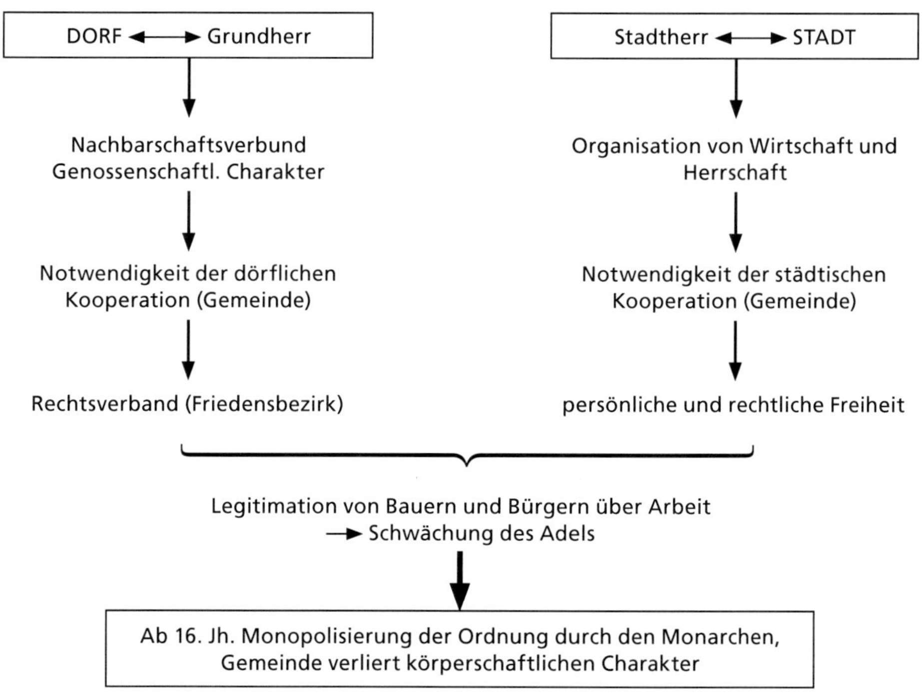

2. Die Grundherrschaft (S. 11–12, S. 45–46)

Zum Aufbau des Teilkapitels

Die Grundherrschaft als Basis des bäuerlichen Lebens wird kurz erklärt, regionale Unterschiede in der Entwicklung werden aufgezeigt und deren Wirkung auf die wirtschaftliche Entwicklung in den einzelnen Gebieten kurz umrissen.

Zu den Materialien

M 29 Es bietet sich ein Rekurs auf M1 an. Verschiedene Formen der agrarischen Produktion werden ebenso erkennbar wie Ansätze zur Spezialisierung. Auch die Rolle der Frau in der agrarischen Gesellschaft ist ansatzweise erkennbar.

Zu den Aufgaben

2b) Die Szene wirkt eher idyllisch, die Menschen sind wohlgenährt. Nur in wenigen Einzeldarstellungen des Bildes ist die Schwere der körperlichen Arbeit zu erkennen.
2c) Aventinus sieht die Bauern kritisch und bezichtigt sie der Prasserei, Faulheit und Dreistigkeit. Zweifellos ist auch seine Darstellung voreingenommen.
4) Gerade ein Vergleich zu M30 verdeutlicht die quasi totale Abhängigkeit der preußischen Bauern in allen Lebensbereichen.

Anregungen zur Unterrichtsgestaltung

Es bietet sich eine Diskussion über die Probleme und die Rolle der Bauern heute an (Tageszeitungen, Internet). Denkbar ist auch eine Untersuchung der landwirtschaftlichen Produktion auf einem modernen Bauernhof (Unterrichtsgang).

3. Dorf und Stadt (S. 13–17, S. 47–49)

Zum Aufbau des Teilkapitels

Das etwas längere Teilkapitel schließt inhaltlich zunächst an das vorhergehende an, um auf der Grundlage der Untersuchung dörflicher Strukturen die Stadt als aus dem zeittypischen Rahmen fallendes Gegenmodell zu untersuchen. Die Definition von „Stadt" und ihre Rolle für die Herausbildung einer modernen Gesellschaft stellen weitere Schwerpunkte dar.

Zu den Materialien

M 5 *Das* Dorf gab es nicht. Die Dörfer unterschieden sich vielmehr beträchtlich durch ihre Siedlungsgröße, ihre Lage, ihre ökonomische Situation und ihre politische Stellung zur Herrschaft. Einige Charakteristika gilt es aber festzuhalten. Ein Dorf war nur auf befestigten Wegen zu erreichen und wurde mehr oder weniger durch einen Zaun oder eine Hecke begrenzt, die auch den besonderen Friedens- und Rechtscharakter eines Dorfes zeigten. In der Dorfmitte oder auf einer Anhöhe befanden sich Kirche und Pfarrhaus. Die Mauer um den Kirchhof diente als zusätzlicher Schutz für die Dorfbewohner. Auch das Wirtshaus und das Rats- bzw. Amtshaus lagen an besonderen Stellen. Die am besten gelegenen Grundstücke besaßen meist die reichen Bauern. Häuser unterschiedlichsten Alters und unterschiedlichster Bauqualität lagen nebeneinander. Auch die Flur des Dorfes war wenig geordnet und die Fluranteile der einzelnen Bauern waren meist nur durch ein Überqueren benachbarter Grundstücke zu erreichen. Aus diesem Grund musste die Nutzung von Feldern und Wiesen gemeinschaftlich koordiniert werden. Die Instandhaltung der Zäune war wichtig, um Getreide- und Viehwirtschaft voneinander zu trennen und dass Vieh besser beaufsichtigen zu können.

Zu den Aufgaben

1b) Stabilere Bauweise, repräsentative Bauten als Ausdruck des städtischen Selbstbewusstseins, starke Sicherung durch Befestigungen, bedeutende Rolle des Handels sind erkennbar.

2b) Wohltätigkeit gilt als Christenpflicht; das Bild verweist auf die soziale Funktion der Stadt. Oft bieten die Bilder auch einen Hinweis auf den Stifter. Der Heilige Rochus von Montpellier galt als einer der 14 Nothelfer, als Pestheiliger. Er war u. a. auch Patron der Ärzte, Apotheker und Totengräber sowie der Kranken und Spitäler. Er galt aber nicht nur als Helfer bei Pest und Cholera, sondern auch als Helfer bei Bein- und Knieleiden.

Anregungen zur Unterrichtsgestaltung

Es bietet sich ein Vergleich historischer Stadtpläne an. Die Aussagen zur Stadt können anhand des eigenen Wohnorts ggf. überprüft werden.

4. Staatsbildung und Konfession (S. 18–21, S. 50–52)

Zum Aufbau des Teilkapitels

Es erfolgt die Einordnung der vorher dargestellten Lebensformen in den größeren Organisationsrahmen des Staates und dessen Bestreben, sich das Rechts- und Gewaltmonopol zu sichern. Die politische Bedeutung der Kirchen bzw. deren Instrumentalisierung stellt einen weiteren Schwerpunkt dar.

Zu den Materialien

Das Strafsystem sollte der Vergeltung, aber auch der Abschreckung dienen. Das Verbrechen wurde durch „spiegelnde Strafen“ offenbar gemacht, so verlor der Meineidige die Schwurhand, der Verleumder die Zunge. Erhängen am Galgen und die Hinrichtung mit dem Schwert waren die häufigsten Todesstrafen. Die Todesstrafe galt als Sühne für ein todeswürdiges Verbrechen. Ertränken und Verbrennen galten als Methoden zur Auslöschung des Verbrechers und jeglicher Erinnerung daran. Das Rädern blieb bis ins 18. Jahrhundert als relativ häufige Strafform für schweren Mord erhalten. Um den Strafen eine optimale Wirkung zu verleihen, wurde das Straftheater in ein strenges Zeremoniell eingebunden. M 38

Zu den Aufgaben

3) Es zeigt sich der Übergang von der Idee der Vergeltung bzw. talionischer Vorstellungen zum Konzept der Sicherung der Gesellschaft durch Segregation bzw. Verbesserung des Verbrechers, die Rolle des Individuums tritt stärker in den Vordergrund. Erfahrungen mit Inquisition und rechtlicher Willkür können als Grundlage für die neue Konzeption gesehen werden.
5a) Das Primat der Kirche wird betont und die Unterordnung des Individuums gefordert. Eine persönliche Entscheidungsfreiheit wird nicht konzediert.

Anregungen zur Unterrichtsgestaltung

Sinnvoll ist eine Sammlung von Informationen zu Wegen der juristischen Entscheidungsfindung und Strafmaßnahmen heute. Der Besuch einer Gerichtsverhandlung ist denkbar.

5. Demografie (S. 22–24, S. 53–54)

Zum Aufbau des Teilkapitels

Untersucht wird die Bevölkerungsentwicklung vom 12. bis zum 18. Jahrhundert. Es wird auf die Bedeutung von Seuchen, deren Ursachen und Folgen, wie zum Beispiel die Verlangsamung der Bevölkerungsentwicklung, eingegangen. Andererseits werden die Ursachen für das Ansteigen der Lebenserwartung ab Mitte des 19. Jahrhunderts umrissen.

Zu den Materialien

M 12 Die Darstellung entstand vermutlich um 1440 und erfuhr im Lauf der Jahre viele Veränderungen. Totentänze stellen im Grunde Bußpredigten dar und tauchen oft in den Klöstern von Bettelorden auf. Mithilfe von Bildern versuchten diese, ihre Botschaft gegenüber Menschen zu verkünden, die meist Analphabeten waren. So eröffnet auch eine Bußpredigt die Bilderfolge, die zu Reue und Buße Anstoß geben soll, da der Tod als Strafe für die Sünden betrachtet wurde. Die Darstellung präsentiert nicht nur die klassische Dreiteilung der Gesellschaft, sondern differenziert auch innerhalb der einzelnen Stände und präsentiert auch Außerständische. Die Darstellung von Totentänzen diente oft als Mittel der Sozialkritik; in dieser Hinsicht ist die Basler Darstellung allerdings recht zurückhaltend. Die Totentänze charakterisieren eine Gesellschaft, in der die Menschen Krankheit und Tod fast hilflos ausgesetzt waren.
(Eine genauere Analyse findet sich in Praxis Geschichte, Heft 2/1994.)

M 45 M 46 (auch Aufgabe 3a) Das Heilige Römische Reich Deutscher Nation erfuhr den stärksten Bevölkerungsverlust in der 1. Hälfte des 17. Jahrhunderts, manche Regionen (z. B. Nordwestdeutschland) blieben aber weitgehend verschont. Die höchste Mortalität war in Mecklenburg, Hessen, der Pfalz und Württemberg festzustellen. Die Landbevölkerung war oft stärker betroffen als die Stadtbevölkerung, aber die demografische Krise bedeutete oft auch wirtschaftlichen und politischen Machtverlust für die Städte (z. B. Augsburg).

Insgesamt führte die Pest zur Abschwächung der wirtschaftlichen Konjunktur und zu einer Bevölkerungsverschiebung. Besonders auf dem Gebiet des Reiches wurde erst in den 50er- bis 70er-Jahren des 18. Jahrhunderts wieder der Bevölkerungsstand von um 1600 erreicht, wobei auch die Folgen der kriegerischen Ereignisse mit einbezogen werden müssen.

Die starke Verminderung der Bevölkerung führte zu einer zu hohen Agrarproduktion und damit zu niedrigen Agrarpreisen, was eine aktive Agrarpolitik des Staates bzw. der Fürsten notwendig machte.

Zu den Aufgaben

1a) Es ergibt sich aus den Zahlen eine durchschnittliche Lebenserwartung von etwa 25,6 Jahren. Dieser Wert ist aber nur auf einen Ort bezogen, viele Krankheiten waren noch nicht richtig zu diagnostizieren. Die angegebenen Todesursachen verweisen häufig auf mangelnde Hygiene. Insgesamt ist die Datengrundlage für eine zuverlässige Aussage nicht ausreichend.

3a) Rasche europaweite Ausbreitung ausgehend vom Schwarzen Meer über die Hafenstädte. Folgen sind unter anderem das Zerbrechen sozialer Strukturen, das Aufkommen religiöser Wahnvorstellungen und die Entvölkerung weiter Gebiete (siehe auch M45/46).

Anregungen zur Unterrichtsgestaltung

Suche nach Pestkreuzen/-säulen in der eigenen Umgebung und deren zeitliche Einordnung; Untersuchung der Bevölkerungsentwicklung in der eigenen Gemeinde vom 15.–18. Jahrhundert mit Erklärung eventueller regionaler Besonderheiten (Archivbesuch).

6. Das Haus als Lebensform (S. 24–27, S. 55–56)

Zum Aufbau des Teilkapitels

Mit diesem Teilkapitel beginnt die Beschäftigung mit alltagsgeschichtlichen Themen. Der entscheidende Begriff des „Hauses“, der bis dato im Geschichtsunterricht vernachlässigt wurde, wird definiert und kritisch gewertet.

Zu den Materialien

Der Text des Kupferstiches lautet: M 14
oben (von links) – Text stellenweise modernisiert:
Der Jung und alten Leuth ihr Zeit
Das grün und dürr Holz unterscheidt
Theils mutig gehen, stark und geschwindt
Der Todt und Grab sie all gewindt

Auff- und Niedergang Deß Weiblichen alters

Der Mensch geborn geht auff und ab
Bleibt nimmer stehn bis zu dem Grab
Die Treppen siehst du hier gestelt
Vor allem er dem Todt zufällt

Die Beschriftung der Stufen (links unten nach rechts unten) lautet:
Der Rosenknopf in Windeln liegt – die Ros für völlig süß ausgibt – der withopf (Wiedehopf) hier sich schmückt und ziert – die Jungfer wie ein Pfau stolziert – wie ein Huhn ich mein Kinder nehr (nähre) – wie ein Kranich bin ich wachtsam – wie ein Ganß ich mich mesten kann – der Adler stark führt mich zu Gott – ich wie ein Eul bin der Welt spott – ich Fledermauß das Haus verwahr – ich segne die Welt zum Himmel fahr.

Unter dem Mittelbogen:
Der Mensch gebohren geht auff und ab, ist Elends voll biß zu dem Grab.
Geburt und Tod werden unter den rechten und linken Bögen dargestellt, Vanitas-Symbole begleiten Auf- und Abstieg.

Zur Deutung der Symbole: Rose – hier Symbol der Jungfräulichkeit; Wiedehopf – Symbol der Fürsorge, besonders für gebrechliche Eltern; Pfau – Symbol des Hochmuts; Huhn – Symbol der beschützenden Mütterlichkeit; Kranich – Symbol der Lebensfreude; Gans – Symbol der geschwätzigen Weisheit, hier wohl eher kulinarisch zu verstehen; Adler – Symbol der Himmelfahrt oder Kontemplation; Eule – Symbol der religiösen Erkenntnis, Hinweis auf frühen Tod; Fledermaus – Symbol der Melancholie, Verweis auf den Tod

Zu den Aufgaben

3. (bezieht sich auf M47!) Der Mann als Vorstand des Hauses bezieht seine übergeordnete Stellung aus seiner Rolle als Versorger. Die Frau ist aber nicht rechtlos, wenn sich ihre Funktion auch im Wesentlichen auf Vorgänge innerhalb des Hauses beschränkt.

4b) Der Mann stellt die wirtschaftliche Existenz des Hauses sicher. Seine Rolle ist religiös begründet, er dient seinen Kindern als Beispiel. Seine Frau schuldet ihm Gehorsam, organisiert aber den Haushalt, überwacht das Gesinde und erzieht die Kinder.

4c) Der Mann steht im Vordergrund, zeigt Selbstbewusstsein und Entschlossenheit. Seine Frau ist bescheiden etwas hinter ihm dargestellt, wie man es der damaligen Ordnung entsprechend empfand.

Anregungen zur Unterrichtsgestaltung

Untersuchung von Statistiken: Lebensformen und Lebensgemeinschaften heute, Frauen im Beruf.

7. Essen und Trinken (S. 27–29, S. 57–58)

Zum Aufbau des Teilkapitels

Das Kapitel schließt an das vorhergehende an. Das Thema ist von allgemeinem Interesse und ermöglicht es, Unterschiede zu heutigen Gebräuchen ansprechend herauszuarbeiten.

Zu den Materialien

M 49 M 50 Seit dem 17. Jahrhundert entwickelte sich in der Oberschicht ein Essritual, das besondere Kleidung und gutes Benehmen forderte. Geradesitzen gehörte zu einem zivilisierten Lebensstil. Das Bürgertum übernahm diese Regeln. Am Beginn und Ende eines Essens sprachen Vater oder Mutter das Tischgebet, was das Zusammenfließen religiöser und patriarchalischer Interessen zeigte. Der Gebrauch von Tischdecken, Besteck, Trinkgläsern und Essgeschirr verweist auf den Wandel der Esskultur. Das gemeinsame Mahl wurde aus der Küche oder Stube in ein eigenes Speisezimmer verlagert.

Das Essen des einfachen Volkes war eintönig. Bei besonderen Anlässen neigte man jedoch zur Prasserei und gab geradezu ein Vermögen für das Essen auf Festen aus. Zum Essen brachte man in der bäuerlichen Gesellschaft die eigenen Messer und Löffel mit und teilte Gläser, Becher und Schüsseln. Das Schwein als Symbol für Gefräßigkeit und Maßlosigkeit - auch Unkeuschheit - war ein verbreitetes Motiv, das auf Unwissen und Unkontrolliertheit verwies.

Zu den Aufgaben

2b) Es handelt sich um städtische Künstler, die die Bauern als humoristisches Sujet wählten, um ihren Käufern die Überlegenheit der eigenen Lebensform vor Augen zu führen und die sozialen Unterschiede offenzulegen.

4a/b) Reichlicher Fleischgenuss ist das Privileg höherer Schichten. Die unteren Schichten ernährten sich vor allem von preiswerter und reichlich zur Verfügung stehender pflanzlicher Kost.

5) Die Ratgeberliteratur dient meist zur Behebung von Unsicherheiten im gesellschaftlichen Leben, oft auch zur Instruktion von sozialen Aufsteigern, die sich den Usancen in der neu erklommenen gesellschaftlichen Position anpassen wollten.

Anregungen zur Unterrichtsgestaltung

Zubereitung einer Mahlzeit nach den Angaben in M51.

8. Wohnen und Kleidung (S. 29-31, S. 59-60)

Zum Aufbau des Teilkapitels

Die Darstellung des alltäglichen Lebens wird um einen weiteren fundamentalen Bereich erweitert. Die unterschiedliche Bedeutung des „Privaten" damals und heute wird ins Bewusstsein gerückt.

Zu den Materialien

Es handelt sich um eine seltene Darstellung eines Schrankes, der sich nicht in der Stube, sondern der Diele befindet. Als Weiterentwicklung der Truhe stellt der Schrank ein besonderes Möbelstück dar. In ihn wird sorgfältig zusammengelegte Wäsche geräumt, während der große Flechtkorb rechts wohl gebrauchte Wäsche aufnimmt. Der Blick zur Straße im Hintergrund bleibt frei, wohl auch durch die Zugehörigkeit des Malers zum reformierten Bekenntnis. M 17

Nur das Patriziat verfügte in den Städten über ausreichenden Platz. Große Keller, meist von der Straße oder vom Hof her zugänglich, dienten als Lagerräume. Das Parterre war dem Geschäft vorbehalten, die Familie lebte meist im 1. Stock. Das Vermögen wurde weniger in Wohnlichkeit, sondern in Wertgegenstände wie Möbel, Kamine und Uhren investiert. M 55

Letztere verwiesen auf die Bedeutung, die der Zeit bei der Planung oder dem Abschluss von Geschäften zukam.

Die Küche war groß und geräumig. Meist hielt man sich in den großen Stuben auf, eine Trennung in Zimmer für Eltern und Kinder fand nicht statt. Die Bereiche für Arbeit und Wohnen lagen im Gegensatz zu den handwerklichen Betrieben weit auseinander.

Auffallend war die Vielzahl qualitativ hochwertiger Gegenstände, die zur Repräsentation dienten. Statt Truhen wurden Schränke verwendet, auch Kunstgegenstände und Bilder gewannen an Bedeutung, ebenso zählten seit dem späten 16. Jahrhundert Kachelöfen zum Schmuck eines Hauses. Mit der Abtrennung der Stube wurde die Küche zum reinen Nutzraum.

Puppenhäuser dienten zur frühen Heranführung von Patriziertöchtern an die Rolle der Verwalterin und Organisatorin eines standesgemäßen Haushalts.

Zu den Aufgaben

1b) Gefährdung der traditionellen Ordnung durch das Durchbrechen sozialer Regeln durch begüterte Mitglieder niederer Gesellschaftsgruppen.
1c) Bezug auf gottgewollte Ordnung (vgl. M26).

Anregungen zur Unterrichtsgestaltung

Besuch eines Museums bzw. einer Gemäldegalerie; Überprüfung der Aussagen des Buches anhand der Exponate.

9. Ackerbau und Viehzucht (S. 32–34, S. 61–62)

Zum Aufbau des Teilkapitels

Die Grundlage für die Ernährung der wachsenden Bevölkerung wird in Hinblick auf Arbeitsorganisation, Agrarverfassung und Veränderungen im Bereich der Produktion untersucht.

Zu den Materialien

M 61 Die Statistik zeigt Unterschiede in der Produktionsstruktur: Während etwa die Betriebsgrößen der Gutswirtschaft im Osten den stärkeren Einsatz von Zugtieren erfordern, zeigt sich, dass in Hessen die kleinbäuerliche Struktur vorherrscht.

Zu den Aufgaben

1a) Die 1. Pestwelle zwischen 1347 und ca. 1350 verursachte einen Bevölkerungsrückgang von über ein Drittel. Es folgten weitere Pestwellen, deren Wirkung erst ab dem 15. Jh. abklang.
1d) Bis zur Mitte des 14. Jahrhunderts gab es immer wieder Hungerperioden. Danach setzte allgemeines Bevölkerungswachstum ein. Zwischen 1380 und 1470 stagnierte die Bevölkerungszahl, was zu einem Rückgang der Agrarpreise und der Agrarproduktion führte. Ab 1470/90 stieg die Bevölkerung wieder an und damit die Nachfrage nach Nahrungsmitteln, sodass die Nutzfläche auch auf Wüstungen ausgedehnt wurde. Durch den Dreißigjäh-

rigen Krieg wurde die Wirtschaft in Deutschland stark beeinträchtigt (Bevölkerungsverluste, Verwüstung von Landstrichen). Dies führte nach Kriegsende zu einer hohen Agrarproduktion und niedrigen Agrarpreisen. Zwischen 1720 und 1750 wurde der alte Bevölkerungsstand wieder erreicht, die landwirtschaftliche Produktion wurde erneut ausgebaut.

Die steigenden Agrarpreise führten zwischen 1740 und 1800 zu einer weiteren Steigerung der landwirtschaftlichen Produktion durch Urbarmachung neuer Flächen und Intensivierung der Nutzung vorhandener Flächen. Angesichts des Bevölkerungswachstums kam es trotz allem zu einer Verknappung des Bodens, was zu steigenden Agrarpreisen führte.

Da in England die Entwicklung der landwirtschaftlichen Produktion weiter fortgeschritten war, übernahm man die Methoden auch in Deutschland, zum Beispiel die verbesserte Dreifelderwirtschaft (Blattfrüchte statt Brache) und die Fruchtwechselwirtschaft sowie den Anbau neuer Feldfrüchte.

Während der napoleonischen Zeit gab es erhebliche Preisschwankungen, verursacht etwa durch Produktionsausfälle, durch Krieg sowie die Folgen der Missernten von 1816/17.

Ab 1818 führten gute Ernten zu einem Sinken der Preise. Doch das starke Bevölkerungswachstum verursachte ab 1826 ständig steigende Preise trotz Ertragssteigerungen.

Anregungen zur Unterrichtsgestaltung

Bereitstellung und Auswertung von Statistiken zu Agrarproduktion und Ernährungsgewohnheiten heute.

Tafelbild: Ernährung

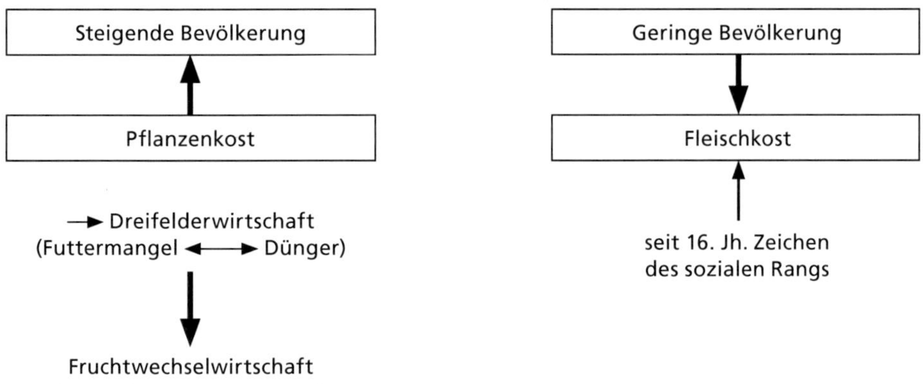

10. Handwerk und Handel (S. 35–39, S. 63–65)

Zum Aufbau des Teilkapitels

Das etwas umfangreichere Teilkapitel untersucht die städtischen Produktionsbedingungen. Die teils fortschrittliche, aber zugleich fortschrittshemmende Rolle der Zünfte, der Übergang zu moderneren Produktionsweisen und die besondere Bedeutung des Handels stehen im Mittelpunkt.

Zu den Materialien/Zu den Aufgaben

M 63 Aufgabe 2b) Die Zünfte waren Träger der Wirtschafts- und Preispolitik, aber auch Lebensgemeinschaften, die den Alltag der gewerblichen Stadtbürger in den Bereichen von Gesellschaft, Denken und Religion beeinflussten. Sie erwuchsen aus dem Willen zu gegenseitiger Hilfe und erhielten Zwangsrechte übertragen. Im Lauf der Zeit entwickelten sie sich zu einem geschlossenen Kreis bevorrechteter Meister und Familien.
Die Preisbildung wurde meist von Eigeninteresse diktiert, aber die Qualität der Waren wurde überwacht und die Ausbildung durch Vorschriften geregelt. Durch Beschränkung von Produktion und Verdienst trugen Zünfte auch zum Schutz der wirtschaftlich Schwachen und so zu einem gewissen sozialen Ausgleich bei.
Die Zünfte bündelten die bürgerlichen Kräfte und machten gemeinschaftliches Handeln und politischen Einsatz möglich, wenngleich die Unterbindung von Konkurrenz und Wettbewerb diese Entwicklung hemmte.

Anregungen zur Unterrichtsgestaltung

Einholen von Informationen bei der örtlichen Handwerkskammer über Organisation und Bedeutung des Handwerks heute.
Information über Formen moderner, bargeldloser Bezahlung – Vergleich mit dem Darstellungstext im Buch.

II. Leben in der entstehenden Industriegesellschaft des 19. Jahrhunderts

Zum Aufbau des Kapitels

Auch Kapitel II des Buches beginnt mit einer Auftaktdoppelseite, die die zugrunde liegenden Fragestellungen der folgenden sieben Teilkapitel kurz anreißt. Die behandelten Problemkreise werden zunächst chronologisch umrissen. In den folgenden Kapiteln werden einzelne Themenbereiche aus den wirtschaftlichen, sozialen und politischen Bereichen präsentiert.

Zur Auftaktseite (S. 68–69)

Die beiden Fotos dokumentieren die „Gleichzeitigkeit des Ungleichzeitigen" in der Industriegesellschaft. Der einführende Text erläutert die wesentlichen Fragestellungen des Kapitels und verdeutlicht die Radikalität des wirtschaftlichen, sozialen und politischen Umbruchs.

Das LZ (Luftschiff Zeppelin) 11, „Victoria Luise", wurde von der 1909 gegründeten Deutschen Luftschifffahrt-Aktiengesellschaft, kurz Delag) zu Passagier-Rundfahrten über Deutschland eingesetzt. Mit der LZ 11 wurde ein äußerst leistungsfähiger Fahrdienst unterhalten, der viele Städte Deutschlands miteinander verband. Zusammen mit LZ 13 „Hansa" und LZ 17 „Sachsen" wurden von 1910 bis zum Ausbruch des Ersten Weltkriegs 273 600 km zurückgelegt und 27 773 Passagiere ohne Personenschaden transportiert. Der Zeppelin galt bis zur Katastrophe der LZ 129 in Lakehurst als Aushängeschild deutscher Technologie. **M 1**

Das Oberwiesenfeld war 1890/91 zusammen mit Schwabing München eingemeindet worden. Das Gelände war von einer Kaserne und Werkstätten geprägt und diente auch als Exerzierplatz. Da die Pferde durch den Motorenlärm scheuten, wurden 1912 Fluggeräte vom Oberwiesenfeld verbannt und der Flugbetrieb nach Schleißheim verlegt. Von 1920 bis 1931 diente das Oberwiesenfeld wieder als Landeplatz für Flugzeuge.

Anregungen zur Unterrichtsgestaltung

Sinnvoll und lohnend ist der Besuch des Deutschen Museums in München. Die „Ikonen" der Industrialisierung sind „begreifbar" präsentiert und zum Teil sogar in Funktion zu erleben. Aber auch in anderen Regierungsbezirken finden sich Museen mit kleineren Ausstellungen, die die Thematik z. T. didaktisch ausgezeichnet aufbereiten.

1. Industrielle Revolution und Industriegesellschaft – Ein Überblick (S. 70–73, S. 104–105)

Zum Aufbau des Teilkapitels

Ausgehend von der Definition von „Industrieller Revolution" wird sowohl auf regionale Disparitäten eingegangen als auch eine kurze chronologische Darstellung der einzelnen Schritte geboten. Die in den folgenden Teilkapiteln behandelten Themenbereiche werden vorbereitet.

Zu den Materialien

M 5 Besonders in Großbritannien und den Niederlanden unterstützte ein sehr effektiver Agrarsektor den Industrialisierungsprozess und führte zur Steigerung der Einkommen, der Entwicklung eines Marktes für gewerbliche Erzeugnisse, der Bereitstellung von Rohstoffen für die Städte und der Abgabe von Arbeitskräften für Fabriken und Werkstätten.

In Frankreich wurde die Entwicklung durch eine zufriedene und unbewegliche Bauernschaft bis in die Mitte des 18. Jahrhunderts gehemmt. Für die bäuerlichen Betriebe im Westen und Süden Deutschlands bot die gewerbliche Produktion zunächst wenig Anreiz, jedoch half die gesteigerte Agrarproduktion in Ostelbien über schwierige Jahre am Beginn der Industrialisierung hinweg.

An der europäischen Peripherie verzögerten unwirtschaftliche Agrarsektoren den Beginn der Industrialisierung. Die ländliche Bevölkerung fand keine Arbeit in nahegelegenen Industriebetrieben und wanderte bevorzugt nach Übersee aus.

Regionale Entwicklungsunterschiede sind auch durch die soziale Herkunft der Unternehmer, die Quellen ihres Kapitals und gesetzliche Rahmenbedingungen zu erklären. Besonders die entgegengesetzten Interessen der traditionellen agrarischen und der industriellen Eliten in den jeweiligen Ländern verstärken diese Unterschiede.

Zu den Aufgaben

1b) Im Verlauf eher evolutionär, im Ergebnis revolutionär. In der englischen Historiografie werden die Begriffe „Industrial Revolution" und „Industrialization" ohne Bedenken gleichwertig gebraucht.

2a) Der Begriff bezeichnet den Geldwert aller Sachgüter und Dienste, die von Inländern während eines bestimmten Zeitraumes erzeugt, aber nicht im gleichen Zeitraum wieder im heimischen Produktionsprozess verbraucht werden. Abgezogen werden die Importe und Abschreibungen, die zum rechnerischen Ausgleich der Wertminderungen des Anlagevermögens einer Volkswirtschaft nötig sind.

Anregungen zur Unterrichtsgestaltung

Entwerfen eines Schaubildes zu den Ursachen der informationstechnischen Revolution – Herausarbeiten von Analogien und Unterschieden zur Industriellen Revolution.

Tafelbild: Von der vorindustriellen Gesellschaft zur Industriegesellschaft

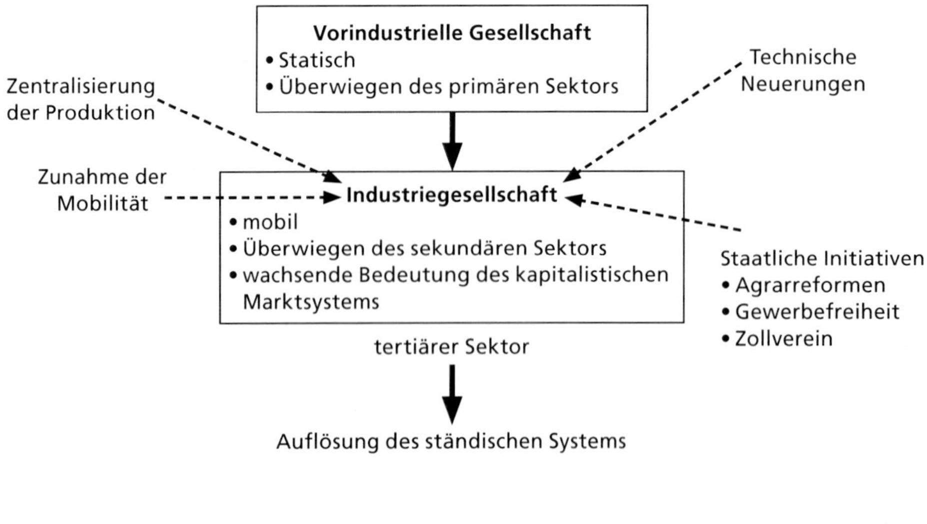

Tafelbild zur Industrialisierung:

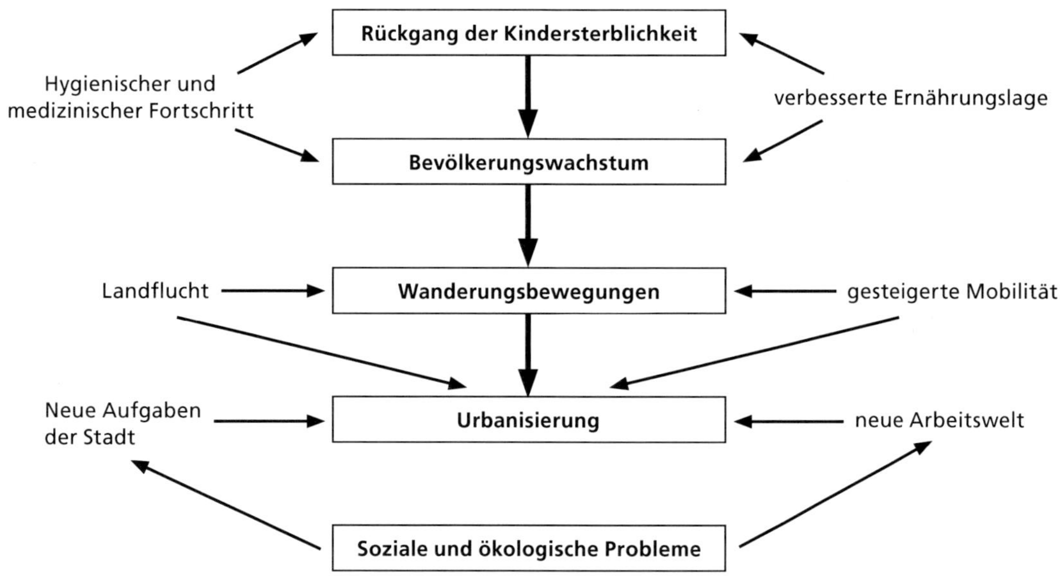

2. Liberalisierung durch staatliche Reformen (S. 74–78, S. 106–107)

Zum Aufbau des Teilkapitels

Der Abschnitt geht chronologisch auf staatliche Anstöße und Hilfestellungen zu Beginn der Industrialisierung ein. Einen Schwerpunkt hierbei stellen die Folgen der Stein-Hardenberg'schen Reformen dar.

Zu den Materialien

M 9

Bereits in seiner Jugend hatte sich Friedrich Wilhelm Harkort (*22.2.1793) mithilfe von Büchern und Zeitschriften aus England über den Stand der dortigen Industrialisierung informiert. Gemeinsam mit einem Elberfelder Kaufmann gründete er 1819 auf dem angekauften Gelände der Burg Wetter die „Mechanische Werkstätte Harkort und Co", das erste Eisenindustriewerk in Westfalen. Er warb Fachkräfte und Ingenieure auch im Ausland an. Die in Wetter hergestellten Produkte waren sehr begehrt und erreichten die Qualität der englischen Konkurrenz. 1826 führte er in seinem nach englischen Vorbildern gebauten Puddle- und Walzwerk das Puddleverfahren ein. Seine Fabrik diente als Vorbild für viele in der Umgebung gebaute Puddle- und Walzwerke, Maschinen- und Dampfkesselfabriken. Er erlaubte es seiner Konkurrenz, seine Produktionsstätten aufzusuchen und sich so das nötige Fachwissen auf seine Kosten anzueignen. Insgesamt kümmerte er sich nicht genügend um seinen Betrieb und schied 1834 wegen zunehmender Verluste aus dem Unternehmen aus. Er verfolgte ständig neue Ideen, was zu wirtschaftlichen Misserfolgen und schließlich zur Schließung aller von ihm gegründeten Firmen führte. Er wandte sich zunehmend dem Bau von Eisenbahnen und Dampfschiffen zu, deren Potential als Transportmittel für Massengüter er erkannte. Erwähnenswert ist seine Tätigkeit als zunehmend fortschrittlich liberal eingestellter Politiker und Publizist. Von 1871 bis 1874 saß er als Abgeordneter im Deutschen Reichstag. Schwerpunkt seiner Tätigkeit waren Verkehrs- und Wirtschaftspolitik sowie Schul- und Bildungsfragen.

Die Verbesserung der Situation der Fabrikarbeiter und die Lösung der Sozialen Frage waren ihm ein besonderes Anliegen. Er starb am 8.3.1880 in Dortmund.

Zu den Aufgaben

1) Die Folgen der Französischen Revolution zeigen den Zwang zur Modernisierung auf. Adliges Investitionskapital kann zur Förderung der Wirtschaft dienen, die Aufhebung der Leibeigenschaft und der Standesschranken fördern Engagement aus Eigennutz, das letztendlich dem Staat zugutekommt. Hier zeigt sich die Übernahme wirtschaftsliberalen Gedankenguts.

2c) Die Freisetzung von ländlichen Arbeitskräften führt zunächst zu Problemen, da zu diesem Zeitpunkt in Bayern nicht genügend außeragrarische Arbeitsplätze zur Verfügung stehen. Auf lange Sicht stellt dies jedoch einen Positivfaktor dar, da die Bevölkerungsentwicklung Bayerns hinter der anderer Gebiete zurückbleibt.

Anregungen zur Unterrichtsgestaltung

Erarbeitung einer Übersicht über staatliche Steuerungsmaßnahmen in Bayern 1825 und 1914 – Wirkung auf das Wirtschaftsleben am Wohnort.

3. Bevölkerungsentwicklung (S. 79–82, S. 108–111)

Zum Aufbau des Teilkapitels

Im Mittelpunkt steht die Entwicklung der Bevölkerungszahl bis etwa 1850 und die Zeit danach. Gründe für die anfänglich zögerliche Bevölkerungsentwicklung und Ursachen und Folgen der Umkehrung des Trends werden untersucht.

Zu den Materialien

M 11 Die Auswanderungsbewegung besonders in die USA verlief auf nationaler wie auch auf bayerischer Ebene nicht gleichmäßig, sondern wellenförmig. Im ersten Peak 1856/57 lassen sich das starke Bevölkerungswachstum und die Liberalisierung der ländlichen Welt, die mit der Freisetzung von Arbeitskräften verbunden war, erkennen. Etwa 13 Prozent der Auswanderer stammten aus Bayern. Die letzte und größte Welle zwischen 1880 und den frühen 1890er-Jahren brachte etwa 170 000 Emigranten aus Bayern, wobei vor allem die Pfalz und Franken Schwerpunkte der Auswanderung darstellten. Zum Zeitpunkt der Entstehung des Bildes wanderten wohl meist Angehörige der Unterschicht und der unteren Mittelschicht aus. Bayerisch-Schwaben verließen jedoch auch viele Landwirte, Handwerker sowie Weber und Tuchmacher, die früh vom wachsenden Maschineneinsatz betroffen waren. Der Schwerpunkt lag auf der Familien- oder Gruppenwanderung. Die schwierige soziale und wirtschaftliche Stellung des Landjudentums trug zur Auswanderung besonders aus Schwaben, Franken und der Pfalz bei. In Bayern bedurfte jede Auswanderung der ausdrücklichen Genehmigung durch die Regierung. Um sicherzustellen, dass der Auswanderer erfolgreich ins Ausland gelangte, mussten der Erwerb einer Schiffspassage und ein Minimum finanzieller Mittel nachgewiesen werden. Die Ableistung des Wehrdienstes war Voraussetzung für die Genehmigung des Auswanderungsgesuchs. Jugendliche mussten eine Kaution hinterlegen.

Für bayerische Emigranten wurde Bremen als Ausreisehafen favorisiert, da die Bremer Oberpolizeibehörde eine strenge Überwachung der Durchreisenden garantierte. So wurde verhindert, dass Emigranten ihre Heimat illegal, unter Zurücklassung von Schulden oder unselbstständiger Familienmitglieder verließen oder gar aus Geldmangel als Bettler in ihre Heimat zurückkehrten.

Die Bevorzugung Bremens ist wohl auch darauf zurückzuführen, dass die Stadt von besonderer Bedeutung für den Export bayerischer Rohstoffe und Fabrikerzeugnisse war.

Die landwirtschaftliche Entwicklung im 19. Jahrhundert ist besonders durch das Wachstum der viehwirtschaftlichen Produktion gekennzeichnet (Zunahme der Bestände, Steigerung des Schlachtgewichts um über 85 %). Diese Entwicklung trug zu einer erheblichen Verbesserung der Ernährungssituation bei. M 51

Zu den Aufgaben

2b) Den Zahlen liegt eine zu geringe Datenmenge zugrunde, es gibt starke regionale Unterschiede bei der Erfassung der Daten. Oft sind die Zwischenräume zwischen den jeweiligen Erfassungen zu groß, um kurzfristige Abweichungen erkennen zu lassen.

4b) Was heute als absolut inhuman und menschenverachtend erscheint, kann damals als Reaktion auf die empfundene Gefahr einer Bevölkerungsexplosion und die damit einhergehenden sozialen und politischen Probleme gesehen werden. Die kalte rationale Argumentation entspricht der damals in gewissen Kreisen vorherrschenden Idee von der Kontrollierbarkeit aller Bereiche.

Anregungen zur Unterrichtsgestaltung

Recherche von Auswandererbiografien aus der Region.

4. Landflucht, Mobilität und Urbanisierung (S. 83–88, S.112–114)

Zum Aufbau des Teilkapitels

Das Kapitel nimmt Bezug auf das vorhergehende und ist von hoher Aktualität etwa im Hinblick auf vergleichbare Phänomene in Entwicklungsländern. Die neue Rolle der Kommunen bildet ebenso einen Schwerpunkt wie die auch heute als besonders belastend empfundenen Phänomene der Zeitnot und der Umweltbelastung.

Zu den Materialien

Bezug auf Bayern: Es sind sowohl ein Verlust an Eigenständigkeit als auch eine stärkere Verflechtung mit den Nachbarländern zu konstatieren, aber auch Intensivierung und wachsende Bedeutung des Wirtschaftslebens. Das Eisenbahnnetz wird zügig ausgebaut, die Hauptverbindungen sind bis 1870 fertiggestellt und werden verstaatlicht. Ab 1868 gilt gründsätzliche Gewerbefreiheit und es entstehen technische Schulen. M 14

Zunächst dominiert die Gebrauchsgüterindustrie, aber die Investitionsgüterindustrie (Maschinen, Lokomotiven) erfährt einen schnellen Aufstieg. Beispiele: Maffei in München (Lokomotiven). Cramer-Klett (u. a. in Nürnberg) als Maschinenbauanstalt. 1865 wird der erste bayerische Hochofen rechts des Rheins in der Nähe von Sulzbach/Opf. angestochen. Verbunden damit ist der Aufstieg der Aktienbanken, etwa der Bayerischen Vereinsbank (1868).

Zu den Aufgaben

2) Veränderte Wahrnehmung der Umwelt und deren Zerstörung bzw. die Veränderung der Landschaft einerseits, die Erfordernisse des Warenaustauschs, die Entwicklung von Industriestandorten und der Transport von Arbeitspendlern andererseits.

Anregungen zur Unterrichtsgestaltung

Information bei der Stadtverwaltung über kommunale „Daseinsvorsorge" heute.

5. Wandel der Arbeitswelt (S. 89–92, S. 115–119)

Zum Aufbau des Teilkapitels

Das Teilkapitel beschäftigt sich mit dem Einfluss der neuen Arbeitsbedingungen auf den Einzelnen und die tief greifende Veränderung sowohl städtischer als auch ländlicher Arbeitsorganisation. Auf die Rolle der Kinder innerhalb des Produktionsprozesses wird besonders Bezug genommen.

Zu den Materialien

M 20 In England wurden bereits im 18. Jahrhundert primitive Formen von Stechuhr-Karten benutzt. Der Einsatz der Dampfmaschine und günstige ökonomische Umstände ermöglichten raschen industriellen Aufstieg und zugleich neue Formen fabrikindustrieller Arbeitszeiten. Der natürliche Unterschied zwischen Tag und Nacht, Sommer und Winter wurde für einen Teil der Arbeiterschaft aufgehoben. Für die Arbeitgeber stand die Rationalisierung der Arbeitszeit im Vordergrund. Ihre äußere Kontrolle blieb ein Thema mit hoher symbolischer Bedeutung, was den Arbeitstag im 19. Jahrhundert zum politischen Kampfobjekt machte.

Zeitdisziplin bestand in der erzwungenen Gewöhnung der Menschen an die Zeiterfordernisse der Maschine und ihre ökonomischen Produktionsbedingungen. In den 80er-Jahren des 19. Jahrhunderts wurden endgültig Systeme zur Zeitaufzeichnung entwickelt, die es erlaubten, die Arbeitszeit der Beschäftigten genau zu dokumentieren.

M 60 Fabrikordnungen waren innerbetriebliche Instrumente der Disziplinierung. In ihnen wurden vor allem die Pflichten der Arbeiter festgeschrieben. Geldstrafen und Entlassungen bauten neue Arbeitsmoral und innerbetriebliche Verhaltensregeln aus. Regelmäßigkeit, Zuverlässigkeit und Pünktlichkeit waren oberstes Ziel, daneben stellten Sauberkeit, Ordnungsliebe und die Autorität der Vorgesetzten weitere Schwerpunkte dar. Die Strafandrohungen für bestimmte Verhaltensweisen zeigen, dass die angesprochenen Regelverstöße ein tatsächliches Problem darstellten.

M 61 Der 1815 geborene Adolf Menzel begann nach 1871 moderne Fabriken zu studieren, um die Grundlagen der modernen Gesellschaft besser zu begreifen. Im größten Hüttenbetrieb Schlesiens, der Königshütte, sammelte er Studienmaterial für das im Atelier fertiggestellte Gemälde (153 x 253 cm). Eine 1872 angefertigte Bleistiftzeichnung zeigt bereits die Innenperspektive des Bildes mit Blickrichtung auf den Walzstrang, zwar noch menschenleer und mit stillstehenden Maschinen, jedoch nah an der Raumsituation des Gemäldes.

Das „Eisenwalzwerk" zeigt mit seiner großen Zahl an dargestellten Personen einen sinnvollen und geordneten Arbeitsbetrieb und stellt die Produktionsbedingungen des Industriezeitalters dar. Arbeiter schieben ein glühendes Eisenstück unter die Walze, andere fahren einen vorgeformten Eisenblock hinweg. Links im Mittelgrund waschen sich drei Arbeiter, rechts im Vordergrund nehmen drei Arbeiter ihr Essen, das ihnen von einem jungen Mädchen gebracht wurde, ein. Der erschöpft blickende Arbeiter mit dem Essenstopf zwischen den Händen wird oft als Beleg für die Kritik an den Arbeitsverhältnissen herangezogen. Dagegen sprechen die selbstbewusst rauchenden Arbeiter in der Bildmitte. Insgesamt ist das Bild wohl eher als Würdigung des industriellen Fortschritts, als Darstellung von Fleiß, handwerklichem Geschick und optimistischer Grundhaltung zu sehen.

Menzel selbst bezeichnete das Bild als „rein malerische Aufgabe".

Charakteristisch ist die Einstellung der Industriegesellschaft, dass Zeit in Geld umgewandelt werden kann. Die soziale Zeit der vorindustriellen Gesellschaft wird durch eine in Arbeitszeit messbare Lebenszeit abgelöst. Die Zeit außerhalb der Arbeitszeit muss zur Wiederherstellung der erschöpften Arbeitskraft genutzt werden. Modernes Zeitmanagement stellt für den Unternehmer einen eigenen Wert dar, der auf dem Prinzip der Minimierung von Zeit zur Maximierung des Ertrags beruht. Die Organisation der Eigenzeit wird zunehmend zum Problem des Einzelnen. M 62 M 63

Die Argumentation der Arbeiter in M63 verweist geschickt auf die Folgen der Überbelastung für den Wohlstand der Nation und die Wehrfähigkeit der Nation. Dabei ist die Entstehungszeit zu berücksichtigen.

Zu den Aufgaben

Antworten sind den Informationen zu den Materialien zu entnehmen.

Anregungen zur Unterrichtsgestaltung

Suche nach künstlerischen Darstellungen der industriellen Produktion – Interpretation mithilfe der mit dem Buch erarbeiteten Ergebnisse (Bibliothek, Internet – Zusammenarbeit mit Kunst).

6. Bürgertum und Arbeiterschaft (S. 93–96, S. 120–123)

Zum Aufbau des Teilkapitels

Schwerpunkt des Kapitels bildet die Entstehung von Klassen und deren Differenzierungsmerkmale. Das Eingehen auf die Rolle der Frau eröffnet einen Zugang zu Geschlechtergeschichte.

Zu den Materialien

Nach dem Vorbild der französischen „Vespasiennes" wurden öffentliche Bedürfnisanstalten errichtet, um die unkontrollierte Befriedigung von Bedürfnissen zu unterbinden (vgl. auch den Text im Schulbuch auf S. 87 und S. 94). M 24

Zu den Aufgaben

3. In beiden Darstellungen findet man größere Familienverbände mit Haustieren, doch die Unterschiede sind signifikant. In bürgerlichen Kreisen werden den Zimmern deutlich bestimmte Funktionen zugewiesen. Die Orientierung nach „oben“ ist in M67 klar erkennbar: Familienporträts, Klavier, eine Büste (wohl des Regenten) verweisen auf Selbstbewusstsein, kulturellen Anspruch und Staatstreue; die Rolle des Familienoberhaupts ist durch Positionierung und Handlung klar definiert.
   M68 zeigt, dass trotz der beengten und ärmlichen Wohnverhältnisse versucht wird, bürgerliche Lebensverhältnisse nachzuahmen (Bilder, Spiegel).
   M67 soll wohl eine Beschreibung der „guten Ordnung“ darstellen. Bei M68 könnte man diskutieren, ob Kritik an den dargestellten Verhältnissen geübt oder einem bürgerlichen Publikum die eigene Überlegenheit auf humoristische Art aufgezeigt werden soll.
   Theodor Hosemann gilt als typischer Vertreter der realistischen Berliner Kunst im 19. Jahrhundert.

Anregungen zur Unterrichtsgestaltung

Erstellung eines Clusters zum Thema „Bürgertum“.

7. Soziale Frage und Ansätze zu ihrer Lösung (S. 97–101, S. 124–125)

Zum Aufbau des Teilkapitels

Die vielfältigen Ansätze zur Lösung der „Sozialen Frage“ werden dargestellt. Genossenschaftliche, kirchliche und unternehmerische Lösungsversuche werden kurz charakterisiert. Einen letzten Schwerpunkt bilden staatliche Reformen und die politische Organisation der Arbeiterklasse.

Zu den Aufgaben

3b) Selbsthilfe und politische Organisation versus staatliche Lösungsversuche und deren Auswirkung auf nicht mehr in den Produktionsprozess Eingebundene.

Methode: Umgang mit Statistiken (S. 126/127)

Auf folgende Aspekte soll besonders eingegangen werden:

- Facharbeiter wurden deutlich besser bezahlt als Un- bzw. Angelernte,
- Verlust der Selbständigkeit außerhalb der industriellen Produktion durch mangelnde Konkurrenzfähigkeit,
- höherer Spezialisierungsgrad der Facharbeiter durch Tradierung spezieller Fertigkeiten,
- bessere Bezahlung der Facharbeiter ermöglicht Aufstieg der Nachkommen in „bessere“ Berufe,
- insgesamt Zunahme der im Metallgewerbe Beschäftigten,
- Schlosser verfügen über gleichbleibend guten Lohn über längere Zeit,
- für eine Chancenverbesserung des Nachwuchses ist ein konstantes Einkommen in der Aufzuchtphase, entscheidend.
- Höherer Lohn für Schmiede durch deutlich kürzere Erwerbsphase gerechtfertigt.

B. Demokratie und Diktatur – Probleme der deutschen Geschichte im 20. Jahrhundert

I. Die Weimarer Republik – Demokratie ohne Demokraten?

Zum Aufbau des Kapitels

Das Kapitel wird eingeleitet von einer ganzseitigen Karikatur und einem Einleitungstext, der sowohl eine Aktualisierung leistet als auch auf die Faktorenvielfalt für die Gefährdung demokratischer Entwicklungen eingeht.

Daran schließen sich fünf Teilkapitel an, die strukturell vorgehend die Frage thematisieren, inwiefern die Republik Geburtsfehler gehabt hat, welche Rolle insbesondere der Niederlage im Ersten Weltkrieg zuzuweisen ist, wie es nach einer Stabilisierungsphase von 1923 bis 1929 zur wirtschaftlichen Destabilisierung und zur politischen Radikalisierung kommen konnte und wie der konkrete Ablauf der Machterschleichung Hitlers vonstattenging. Die Einordnung des 30. Januar 1933 beschließt das Gesamtkapitel.

Zu den Auftaktseiten (S. 128–129)

Mit der Unterschrift „Sie tragen die Buchstaben der Firma – aber wer trägt den Geist?" kommentiert der Karikaturist Thomas Theodor Heine (1867–1948) die These, dass „Weimar" eine Republik ohne Demokraten gewesen sei. M 1

In der Karikatur werden die Farben der deutschen Demokratie schwarz, rot, gold aufgenommen, sodass das Thema „die Verfassung der deutschen Demokratie" schon hierdurch deutlich wird. Die acht auf dem Bild abgebildeten Personen tragen zwar jeweils einen Buchstaben des Wortes „Republik", allerdings vertreten sie alle Sonderinteressen, was an der jeweiligen Kleidung abzulesen ist. Sie stehen für verschiedene Weltanschauungen, man kann sogar mit Recht behaupten, dass sie das Spektrum der Weimarer Weltanschauungsparteien repräsentieren, und zwar von links nach rechts:

- Die erste Person im Habit eines katholischen Geistlichen (Mantel, Hut) steht für das katholische Zentrum.
- Die zweite Person mit dem eleganten wohl nach englischem Vorbild geprägten Äußeren (eleganter Anzug mit Einstecktuch, Schuhe mit Gamaschen, Stehkragen, Krawatte, und sportlicher Hut, dazu das Monokel, der an Wilhelm II. gemahnende aufgezwirbelte Oberlippenbart sowie die aufrechte Haltung und die Linke, die den Stab, an der der Buchstabe befestigt ist, nur führt) verweisen auf einen Anhänger der Monarchie, möglicherweise auf einen Adligen und damit auf einen Vertreter der Deutschnationalen Volkspartei (DNVP).
- Die dritte Person repräsentiert einen Soldaten (Uniform, Stahlhelm, Wickelgamaschen), der auch durch seine Armhaltung und die beiden durchgedrückten Knie militärisches Gehabe ausstrahlt. Parteipolitisch lässt sich diese Figur nicht eindeutig zuweisen, die Nähe zum Konservativismus ist deutlich – andererseits handelt es sich hier um eine Anspielung auf die Reichswehr als „ein Staat im Staate", also um eine Gruppierung, die die Weimarer Republik nicht unterstützt.
- Die vierte Person repräsentiert wohl einen Vertreter des städtischen oder ländlichen Proletariats (geflickte, unten verschlissene Arbeitshosen, grobe Schuhe, einfacher Kittel, abgetragener Hut, verhärmtes Gesicht und die übergroßen Hände); diese Kennzeichen lassen die Figur als Repräsentanten der Sozialdemokratie erscheinen.
- Insbesondere der ungepflegte Rauschebart und die langen Haare lassen die fünfte Figur als ein Stereotyp des Revolutionärs erscheinen; hierfür sprechen auch die Schiebermütze und der Schal, die in die groben Stiefel hineingesteckten Hosen sowie die Gürtung der

Oberbekleidung, sodass Assoziationen an einen russischen Bauern geweckt werden. Diese Figur repräsentiert die linksradikalen Kräfte, bzw. parteipolitisch die KPD.
- Die sechste Figur in ihrer Wohlbeleibtheit und bekleidet mit Frack und Zylinder sowie mit Gamaschenschuhen und Zwicker repräsentiert das Stereotyp des Kapitalisten, der wohl am ehesten die Deutsche Volkspartei (DVP) versinnbildlicht.
- Die siebte Figur ist hoch aufgeschossen und wirkt in der Art, wie sie ihren Buchstaben trägt – man achte auf die Haltung der rechten Hand – am emphatischsten; Künstlerhut mit zur Schleife gebundenem Hutband, Drahtbrille, Halsschleife und der zerzauste Vollbart und die längeren Haare verweisen auf den jugendlich bewegten bürgerlichen Intellektuellen, der die Deutsche Demokratische Partei (DDP) versinnbildlicht.
- Die letzte Figur gibt aufgrund des Hakenkreuzes und der SA-Uniform (Kappe, Waffenrock, Stiefel) keinen Zweifel an ihrer Funktion: Sie vertritt die Nationalsozialistische Arbeiterpartei (NSDAP).

Der Einführungstext bietet eine differenzierte Faktorenanalyse für die Gefährdung von Demokratien:
- politischer u. religiöser Fanatismus,
- Terrorismus,
- Massenarbeitslosigkeit,
- Verbandsinteressen,
- radikale Heilslehren,
- Verunsicherung d. Bürger u. Politikverdrossenheit,
- Modernisierung und Rationalisierung,
- Beeinflussungen durch die Mediengesellschaft.

Anregung zur Unterrichtsgestaltung

Man könnte von der Analyse der Karikatur ausgehen. Es bietet sich an, zwei Hilfestellungen zu geben:
- Zum einen sollten die Schülerinnen und Schüler bei der Figur des Nationalsozialisten ansetzen und dessen Bedeutung als Jemanden analysieren, der die Buchstaben der „Firma", des Staates, trägt.
- Zum anderen geht es um den Begriff der „Firma", der mithilfe eines Verweises auf die Farbsymbolik geklärt werden kann.

Kontrastierend zur monokausalen Aussage der Karikatur bietet es sich an, mithilfe des Einleitungstextes zu einer differenzierten Begründung für das Scheitern Weimars zu gelangen.

Tafelbild 1:

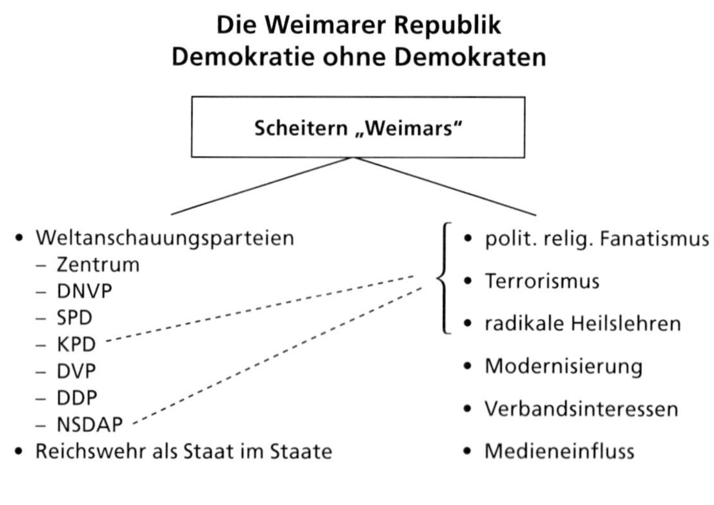

1. Eine Republik mit Geburtsfehlern? (S. 130–137, S. 160–163)

Zum Aufbau des Teilkapitels

Zunächst wird der Verlauf der Revolution skizziert (als Wiederholung mit grünem Fond gekennzeichnet), um in einem weiteren Schritt die Weimarer Reichsverfassung (WRV) darzustellen. Schwerpunkt bildet hier die Auseinandersetzung mit der durch die Verfassungskonstruktion bestehenden Möglichkeit, die Verfassung von innen auszuhöhlen, wie es der zweite Reichspräsident Paul von Hindenburg letztlich auch getan hat.

Zu den Materialien

Unter dem Pseudonym A. Malsov entwarf der die Plakate im Wien der 20er- und 30er-Jahre prägende österreichische Gebrauchsgrafiker Victor Th. Slama (1890–1973) 18 Plakate für die KPD. Das vom russischen Konstruktivismus beeinflusste Plakat wurde von Hugo Eberlein (1887–1944) für den Reichstagswahlkampf 1928 herausgegeben. Eberlein, 1921 bis 1933 kommunistisches Mitglied des preußischen Landtags, fiel in Moskau der stalinistischen Säuberung zum Opfer. M 3

Das Plakat zeigt einen roten Arm, der am Handgelenk mit einer Kette gefesselt ist. Aus einem Gefängnis weist der Zeigefinger in der Bilddiagonalen auf den Schriftzug: „Verraten durch die S.P.D.“. Mit diesem Hinweis, der die Zusammenarbeit zwischen den Mehrheitssozialdemokraten und der Reichswehr gegen die Kommunisten in der Anfangsphase der Weimarer Republik anprangert, wird der Aufruf verbunden: „Wählt Kommunisten!“

Das dem Maler und Grafiker Hermann Keimel (1899–1948) zugeschriebene Wahlplakat der Bayerischen Volkspartei (BVP) zeigt einen Mann mit mongolischen Gesichtszügen, der in ein Gewand gekleidet ist, das an einen Kosaken erinnert (Mütze, Kittel). Sich auf das rote Berlin aufstützend, versucht er das auf der Karte blau eingezeichnete München zu entflammen, während die Rauchschwaden der Fackel über Nordbayern hinwegziehen. M 4

Mit diesen bildnerischen Elementen versucht die BVP an die Angst vor der bolschewistischen Revolution zu appellieren und bedient sich dabei traditioneller Vorurteile einerseits gegen das „preußische“ Berlin, andererseits gegen die Überfremdung durch fremde Kulturen (vgl. hierzu auch die Internetseite des Hauses der bayerischen Geschichte: www.revolution.hdbg.de mit weiteren Plakaten und www.hdbg.de/...Lehrerhandreichung_zum_Methodentraining.pdf mit einer Kurzanalyse von verschieden Plakaten zur Revolution).

Das Plakat der DDP zu den Reichstagswahlen am 20. Mai 1928 wirbt insbesondere um die Stimmen der weiblichen Wählerschaft. Gezeigt wird eine junge Frau mit der Geste der Verzweiflung. Sie bedeckt ihre Augen mit der Rechten und stützt sich mit der Linken auf ein Blatt Papier, das eine schlechte Nachricht gebracht hat. Im Hintergrund ist ein sitzendes blondes Mädchen zu sehen, das zu seiner Mutter aufschaut. Wird auf der einen Seite eine moderne, emanzipierte Frau mit ihrer modischen Frisur und in ihrer lässig eleganten Kleidung gezeigt, verweist die Kombination von Frau und Kind auf das traditionelle Rollenmuster der Mutter. Mit roter Schreibschrift sind die Probleme gekennzeichnet, die die Frau in die Verzweiflung treiben: Mietsteigerung, Wohnungsnot, Teuerung, Arbeitslosigkeit, Zölle, Steuerdruck. M 7

Die bildliche Aussage untermalt die Aufforderung des Plakats: „Nie wieder Rechtsregierung – wählt die Deutsche demokratische Partei – Liste 6!“ Obwohl das Frauenwahlrecht eine alte Forderung von Liberalen und Sozialdemokraten war und mit der Wahl zur Nationalversammlung 1919 erstmalig realisiert wurde, erfuhren weder Sozialdemokratie noch Liberale, die von der weiblichen Wählerschaft erhoffte Unterstützung. Im Übrigen waren DDP-Minister an allen bisherigen Regierungen beteiligt.

M 32 Der Streikaufruf zeigt eine absolute Ablehnung gegen den reformistischen Kurs der MSPD auf und bietet ein anschauliches Bild der Unversöhnbarkeit der radikalen Linken mit der MSPD.

M 33 Das Plakat wurde vom Maler, Grafiker und Bühnenbildner César Klein (1876–1954) entworfen, der zu den Mitbegründern der „Neuen Secession" gehörte und dessen Bilder in der Ausstellung „Entartete Kunst" von den Nationalsozialisten diffamiert wurden. Klein entwirft ein farbenfrohes optimistisches Bild der Zukunft. Diese Zukunftsprojektion schließt neben Arbeitern, Bauern und Soldaten auch die Bürger ein. Es weicht insofern von der Utopie des „neuen Menschen" ab, als auch die historischen Unterschiede der verschiedenen „Stämme" in Deutschland berücksichtigt werden. Schließlich bedeutet die Anerkennung einer verfassunggebenden Nationalversammlung die Abkehr vom politischen Obstruktionskurs.

Zu den Aufgaben

1. Siehe Anmerkungen zu M32 und M33.
2. Insbesondere in Hinblick auf den Dissens in der Linken wirken die Aussagen Eberts geglättet. Die Auseinandersetzungen werden nicht erwähnt. Vielmehr wird nur von „der Revolution" gesprochen oder von der Förderung der provisorischen Regierung durch den Zentralrat der Arbeiter- und Soldatenräte.
3. Herausgearbeitet werden sollen die Verbesserungen gegenüber den Fehlern von Weimar, d. h.
   - das konstruktive Misstrauensvotum Art. 67 GG,
   - die Betonung der Grundrechte in Art. 1 bis 19 GG,
   - keine Plebiszite auf Bundesebene, Ausnahme Art 29,2 GG.
   - Andere Aspekte, wie die Reduktion der Rolle des Bundespräsidenten zum „Staatsnotar", die Möglichkeiten der wehrhaften Demokratie, die neue Rolle des Bundesverfassungsgerichtes können ebenfalls thematisiert werden.
4. Ernst Jünger gehörte im Gegensatz zu Carl von Ossietzky zu den Intellektuellen, die „Weimar ablehnten" (vgl. M25, Z.16–21, bzw. M37, Z. 10–16).

Anregung zur Unterrichtsgestaltung

Die Phasen der Revolution lassen sich mithilfe der Bilder und Wahlplakate im Unterrichtsgespräch wiederholen (M2–M4), wobei die Vorstellungen der politischen Linken anhand von M32 und M33 von den Schülerinnen und Schülern erarbeitet werden können.

In einem weiteren Schritt wird man sich dem Verfassungsaufbau der WRV zuwenden, wobei insbesondere die Strukturen der Verfassung im Vordergrund stehen sollten (vgl. Tafelbild 3). Der Bezug zum Grundgesetz kann in einem Vergleich zwischen M36 und dem Grundgesetztext, den die Schülerinnen und Schüler im Sozialkundeunterricht der 10. Klasse erhalten haben, geleistet werden. Hilfen hierzu bietet auch das Jugendportal des Deutschen Bundestags im Internet: (www.mitmischen.de). Ausgangspunkt für die Analyse kann die Darstellung der Möglichkeiten der politischen Partizipation sein, die die WRV – auch durch das Frauenwahlrecht – zu einer außerordentlich demokratischen Verfassung gemacht haben.
Die Aushöhlung der Verfassung durch den Reichspräsidenten von Hindenburg könnte mithilfe von Referaten zu Friedrich Ebert bzw. Paul von Hindenburg geleistet werden. Sinnvoll lässt sich an dieser Stelle auch eine Auseinandersetzung mit dem politischen Testament Hindenburgs (S. 177–177) einbauen.

Tafelbild 2:

Eine Republik mit Geburtsfehlern

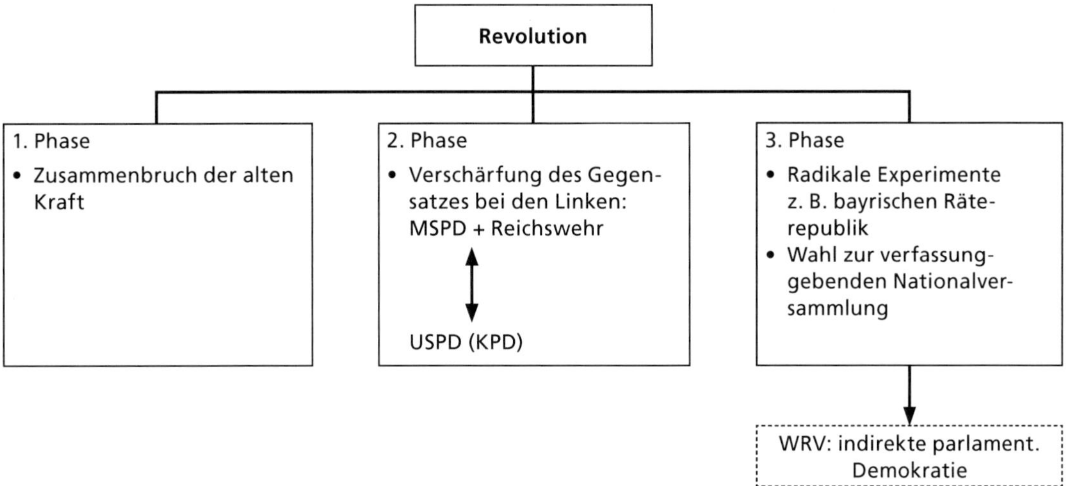

Tafelbild 3:

Die Verfassung (WRV)

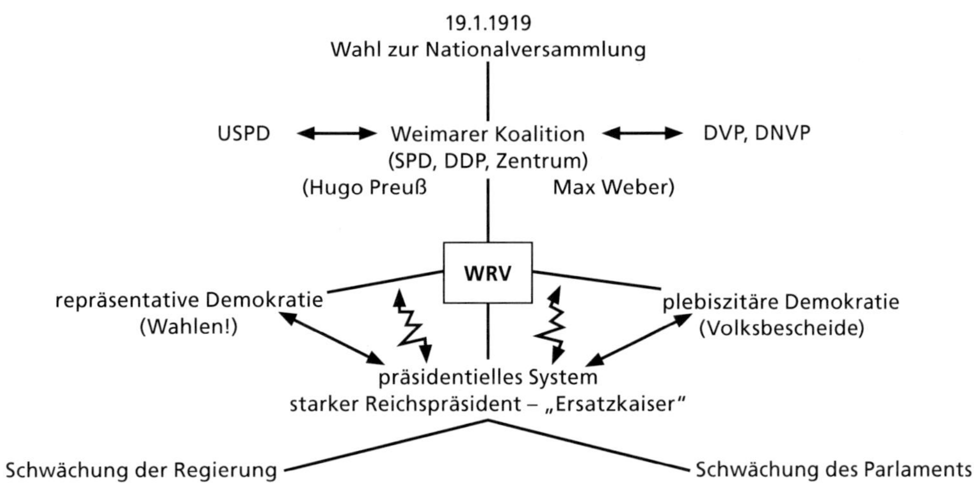

2. Die Folgen des Ersten Weltkrieges (S. 138–143, S. 164–165)

Zum Aufbau des Teilkapitels

Das Kapitel thematisiert die Folgen des Ersten Weltkriegs. Am augenscheinlichsten sind die Ergebnisse des Friedensvertrags von Versailles. Weniger offensichtlich, politisch jedoch mindestens genauso folgenschwer, ist die psychische Versehrung und Traumatisierung eines Großteils der männlichen Bevölkerung durch den Krieg, dessen „Gemeinschaftserlebnis" im Schützengraben Grundlage für die unterschiedlichsten Bünde bildete und dessen Ausrichtung auf die gewaltsame Bekämpfung alles als feindlich Empfundenen auch die politische

Auseinandersetzung in „Weimar" prägte. Schließlich erfolgt eine Auseinandersetzung mit der Inflation, die ihrerseits traumatisierend wirkte.

Zu den Materialien

M 12 Anhand der Karte lassen sich folgende Aspekte ablesen:
- die Gebietsverluste des Deutschen Reichs,
- Besatzungszonen,
- Entmilitarisierung,
- daraus folgend: Enttäuschung angesichts der Kriegsziele Deutschlands,
- grundsätzliche Weiterexistenz eines geschlossenen Reichsgebiets – im Gegensatz zu den Planungen und tatsächlichen Ergebnissen nach dem Zweiten Weltkrieg.

Wichtig erscheint es, insbesondere den letztgenannten Aspekt zu betonen, schließlich waren die konkreten Startvoraussetzungen für die Weimarer Republik nicht so ungünstig wie es zeitgenössische Quellen vermuten lassen, die ihre Wertungen allerdings oftmals an den überspannten Vorstellungen eines Siegfriedens orientierten, wie er von der Obersten Heeresleitung (OHL) fast bis zum Ende des Ersten Weltkrieges propagiert wurde.

M 38 Carl Severing (1875–1952) war einer der prägendsten Politiker der SPD in der Weimarer Republik. Für seine Tatkräftigkeit bekannt, ließ er den kommunistischen Aufstand 1923 an der Ruhr niederschlagen und hielt nach seiner Tätigkeit als Reichsinnenminister zusammen mit Otto Braun in Preußen die Regierung bis zum sogenannten Preußenschlag 1932 stabil.

Äußerer Anlass seiner Ausführungen vom Dezember 1929 bildete die Abschwächung des vom sozialdemokratischen Justizminister Gustav Radbruch anlässlich der Ermordung des Reichsaußenministers Walther Rathenau am 21. Juli 1922 erlassenen Gesetzes, das sich vor allem gegen republikfeindliche, monarchistische Organisationen richtete.

Severing hebt mit zahlreichen Beispielen vor allem auf die „Verhetzung durch Wort und Schrift" als Ursache für die Radikalisierung ab. Severing geht von den Symptomen aus, ohne die strukturellen Wurzeln der Radikalisierung aufzuzeigen.

Der Text bietet darüber hinaus Beispiele für:
- Xenophobie: Z. 19,
- Verleumdung der Demokratie: Z. 19–30, Z. 50,
- Antisemitismus: Z. 45 ff., Z. 92,
- Gewalt gegen Andersdenkende, u. a.: Z. 70 ff., Z. 79 ff., Z. 85 ff.

M 39 Erklärungsbedürftig sind vermutlich die Begriffe „fundierte Schuld" bzw. „schwebende Schuld":
- Mit fundierter Schuld sind hier langfristige Schulden des Staates gemeint, für deren Verzinsung und Tilgung bestimmte Einnahmen vorgesehen sind. Ein beliebtes Mittel des Staates besteht darin, sich durch die Ausgabe von Anleihen oder Schuldverschreibungen vom Bürger Geld zu beschaffen, sich bei ihm zu verschulden.
- Mit schwebenden Schulden sind hier Schulden gemeint, die mit einer kurzfristigen Laufzeit aufgenommen werden.

Zu den Aufgaben

1. Vgl. die Beschreibung zu M38.
2. Der Versailler Friedensvertrag konnte diffamiert werden, weil er begriffen wurde:
   - als Oktroy der Alliierten,
   - als Verlust in Hinblick auf Gebiet, Einwohnerzahl, Steinkohleproduktion, Eisenproduktion, Versorgung der Bevölkerung mit landwirtschaftlichen Gütern.

Um die Reaktion auf „Versailles“ zu begreifen, bedarf es u. a. der Erinnerung an die Kriegsziele und die Informationspolitik der OHL.

3. Vgl. die Beschreibung zu M39.
4. In Nuce sind die sozialen Folgen dadurch gekennzeichnet, dass die Besitzer von Geldvermögen in Hinblick auf alltägliche Versorgung, Lebensplanung und Moralvorstellungen benachteiligt wurden. Auch die Moderne wurde insgesamt negativ gesehen.

Bevorteilt wurden die Eigentümer von Sachwerten und Inflationsgewinner. Die Gesellschaft wurde gespalten.

Anregung zur Unterrichtsgestaltung

Als Einstieg in das Kapitel bietet sich die Arbeit mit der Karte zum Versailler Vertrag an. Reizvoller jedoch ist es, mit einer kurzen Sequenz aus Chaplins Film „Modern Times“ (vgl. M17) zu beginnen, um die spezifischen Ereignisse Weimars in den globalen Kontext einzuordnen. Zumal der im dritten Kapitel thematisierte Börsencrash des Jahres 1929 ein globales Ereignis mit enormen Rückwirkungen für die Weimarer Republik darstellt.

Tafelbild 4:

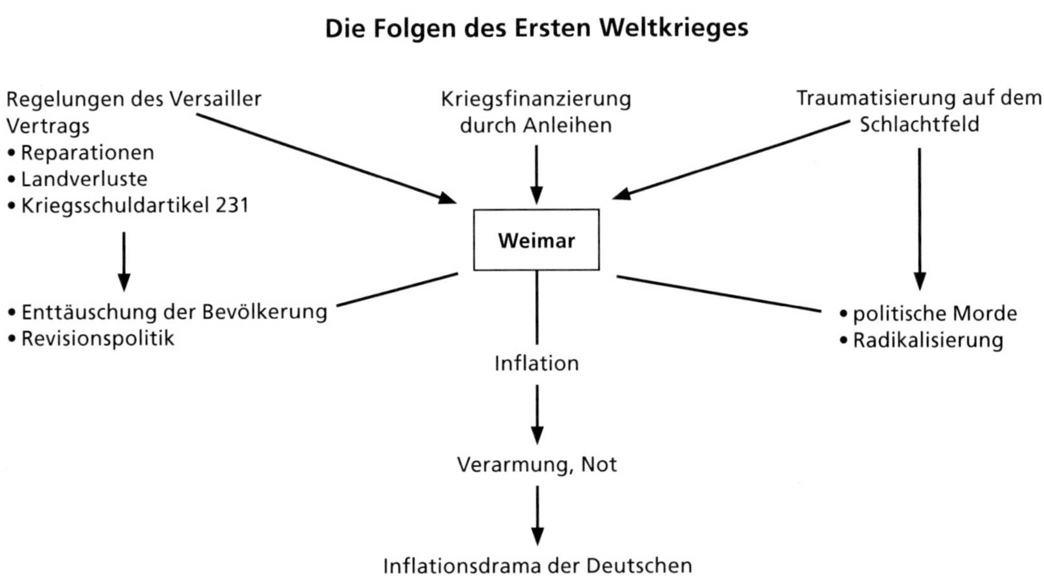

3. Republik am Abgrund (S. 144–154, S. 166–171)

Zum Aufbau des Teilkapitels

Das Kapitel thematisiert die Wirtschaftskrise des Jahres 1929 als den sichtbaren Anlass für das Scheitern „Weimars“. Schließlich lässt sich die zunehmende Radikalisierung der politischen Rechten und Linken in ihrem Erfolg insbesondere auf deren Hintergrund verstehen, obwohl, wie bereits gezeigt wurde und in diesem Kapitel noch ausgeführt wird, die fehlende Kompromissbereitschaft der Parteien und der hinter ihnen stehenden gesellschaftlichen Kräfte letztlich cine weitere Ursache für den politischen Niedergang bildete, die sich im Scheitern der Großen Koalition 1930 äußerte. Strukturell wirksam wurde schließlich die besondere Machtausstattung des Reichspräsidenten, der – wie im Falle Paul von Hindenburg geschehen – kein Interesse am Erhalt der Demokratie zeigte. Die erste Präsidialregierung unter Reichskanzlers Heinrich Brüning und das Ende seiner Regierung machen den Verzicht führender Kreise in Deutschland deutlich, die 1919 errungene soziale und politische Kompromissformel erhalten zu wollen.

Zu den Materialien

M 21 Auf dem Plakat der KPD eines unbekannten Grafikers zum 6. November 1932 ist ein übergroßer Proletarier (Schiebermütze, rote Farbe) erkennbar, der die überwiegend aus Adeligen bestehende Regierung des Reichskanzlers Franz von Papen (1879–1969) mit erhobener Faust bedroht. Franz von Papen, ein erzkonservativer Politiker, der dem Zentrum angehörte, erhielt seine politische Macht durch den Reichpräsidenten Paul von Hindenburg, dessen Günstling er war. Papen bildete sein „Kabinett der Barone", im Bild gekennzeichnet durch die Fräcke tragenden Politiker, zu deren Kreis der unbekannte Grafiker auch Adolf Hitler (gekennzeichnet durch Haarschnitt und Bart), den Stahlhelmführer Theodor Duesterberg (1875–1950, mit Stahlhelm) und vermutlich Kronprinz Wilhelm (1882–1951, mit kaiserlichem Paradehelm) zählte.

Weitere politische Plakate bietet die Internet-Seite des Bundesarchivs in Koblenz (Suchweg: Bundesarchiv Koblenz, Aktuelles, Aus dem Archiv, Galerien, Öffentlich angeschlagen).

M 23 Erich Schilling (1885–1945), einer der bekanntesten Zeichner der Zeitschrift „Simplicissimus", der sich nach 1933 von einem Gegner der Nationalsozialisten zum willigen Handlanger wandelte, kritisiert in seiner Karikatur „Wer will regieren?" die Unfähigkeit bzw. den Unwillen der politischen Handlungsträger, Kompromisse einzugehen, um der ums Überleben ringenden Weimarer Republik zu helfen.

Gezeigt wird die ertrinkende und um Hilfe flehende Germania. Die fünf Figuren, die politische Parteien bzw. Handlungsträger symbolisieren, verweigern Hilfe unter dem Vorwand: „Ich würde Ihnen gerne helfen, aber ich kann doch meinen Standpunkt nicht verlassen." Gezeigt werden (von links nach rechts):

- Ein Revolutionär (lange Haare, ungepflegter Vollbart, Stielhandgranate an der Angelschnur aus Stacheldraht, die Stielhandgranate in der Linken ist im Bild abgeschnitten), der die Politik der revolutionären Linken (KPD) versinnbildlicht.
- Ein Vertreter der Sozialdemokratie (aufgekrempelte Ärmel, Ballonmütze).
- Ein Vertreter des Bürgertums (abgelegte Manschetten und abgelegter Hemdkragen) als Symbolfigur für die Liberalen, etwa der DDP.
- Ein Vertreter der katholischen Kirche (Priesterhut und -mantel, Kreuze und als Angelrute umfunktionierter Bischofsstab) als Symbolfigur für die Zentrumspartei.
- Im Ruderboot, das mit einem luxuriösen Sitz ausgestattet ist, nähert sich der Reichspräsident, der die versinkende Germania, – die „Frau Republik", wie es zeitgenössisch hieß – nur argwöhnisch betrachtet, ihr aber auch nicht hilft.

M 25 Das Wahlplakat der SPD zu den Reichstagswahlen vom 14. September 1930 mit der Überschrift „Das sind die Feinde der Demokratie!" zeigt drei Personen:

- im Vordergrund einen Nationalsozialisten, einen SA-Mann, erkennbar an Mütze und Hakenkreuz, der in der Linken mit einem Dolch bewaffnet, die Rechte ausgestreckt, als wolle sie etwas (die Demokratie im übertragenen Sinne) oder jemanden (einen demokratischen Politiker) ergreifen,
- links im Hintergrund einen Rotarmisten, erkennbar am roten Stern und an der typischen Mütze, der für die KPD und deren Unterstützung durch die Sowjetunion steht,
- rechts in Hintergrund einen Totenschädel mit deutschem Stahlhelm, der für die politische Rechte in Deutschland steht, mit ihren Vorstellungen über Militarismus und Nationalismus.

Mit den gezeigten, negativ charakterisierten Personen verbinden sich die Aufforderungen „Hinweg damit!“ und „Deshalb wählt Liste 1 – Sozialdemokraten“. Das Plakat ist in den Farben der Reichsflagge gehalten, allerdings dient der goldgelbe Hintergrund als Signalfarbe, das Schwarz im Vordergrund als Farbe der Bedrohung und die rote Farbe in Über- und Unterschrift als Kennfarbe der SPD.

Die Abbildungen thematisieren die Rolle Heinrich Brünings aus zwei Blickwinkeln: Aus der Position eines Kritikers an seiner Politik sowie aus Sicht der Zentrumspartei. M 26 M 27

Olaf Gulbransson (1873–1958) war einer der profiliertesten Zeichner des „Simplicissimus“, der sich allerdings in seinen zeichnerischen Äußerungen stark dem jeweilig herrschenden Zeitgeist unterwarf und sich nach 1933 in den Pressebetrieb integrierte.

Auf seiner Karikatur aus dem Jahr 1931 wird Reichskanzler Heinrich Brüning (1885–1970) gezeigt, wie er auf einem Teller ein Stück Schwanz des Reichs-Hundes präsentiert, und zwar mit dem Kommentar, dass der Reichs-Hund nicht verhungern werde, weil er mit dem Stück vom Schwanz gefüttert werde, den man ihm abgetrennt habe. Der Reichshund, eine abgehärmte dänische Dogge, erschließt sich nicht sogleich als Reichssymbol. Allerdings wird der Gründer des ersten Deutschen Reichs, Otto von Bismarck, auf damals allgemein bekannten Portraits gerne mit seinen dänischen Doggen abgebildet. Dadurch wird die Verbindung zum Deutschen Reich Bismarck'scher Prägung evident, das für die nationale Einheit und für die staatliche Sozialpolitik steht, die durch den Sparwillen Brünings in Mitleidenschaft gezogen wurde.

Auf dem Wahlplakat der Zentrumspartei zu den Reichstagswahlen vom 31. Juli 1932 werden Brüning und die Zentrumspartei als Wehrturm dargestellt, die als „letztes Bollwerk“ für „Freiheit“ und „Ordnung“, für Werte wie „Wahrheit, Freiheit Recht“ stehen .
Der Turm wird von zwei Gruppierungen belagert, und zwar:

- links im Bild: Die Kommunisten, die mit der roten Fahne und mit Brandfackeln ausgerüstet sind,
- auf der rechten Seite, stärker im Vordergrund des Bildes und größer in der Anzahl der Belagerer: Die Nationalsozialisten, die anhand der braunen Parteiuniformen, der Hakenkreuzfahne und anhand der Darstellung Hitlers, der auf den Bildbetrachter schaut, eindeutig zu identifizieren sind,
- im Hintergrund scheinen Brände ausgebrochen zu sein,
- die Fahne des Zentrums mit der Aufforderung „Wählt Zentrum – Liste 4“ flattert im rechten Bildvordergrund.

Die schwarze Farbe des Turms und auf der Fahne kennzeichnet das Zentrum als katholische Weltanschauungspartei.

Informationen zur Zentrumspartei finden sich im wissenschaftlichen Online-Lexikon der Bayerischen Staatsbibliothek (www.historisches-lexikon-bayerns.de).

Die beiden Quellen zeigen, dass die Lebensumstände sowohl im Deutschen Reich als auch in den Vereinigten Staaten nach dem Börsencrash 1929 ganz ähnlich waren. Deshalb stellt sich die Frage, wieso es im Deutschen Reich zu einer politischen Radikalisierung kam und in den Vereinigten Staaten nicht. M 40

Heinrich Brüning wird in diesen vier Quellen von unterschiedlicher Seite beleuchtet, und zwar: M 49

- von Seiten der Sozialdemokratie, indem Rudolf Breitscheid (1874–1944) vor der ausufernden Nutzung des Art. 48 der WRV warnt,
- von Seiten der Reichsregierung, die ihren Sparkurs rechtfertigt, wobei am Schluss (Z. 31 ff.) deutlich, wird, dass die Sparpolitik im Inneren letztlich dazu diente, die Revision der im Versailler Vertrag festgelegten Reparationen zu erreichen. Im Grunde genommen zeigt sich hier die Fragwürdigkeit der Brüning'schen Politik,

- von Seiten deutscher Industrieller, die die Regierung Brüning als Hebel benutzen wollen, den nach dem Ersten Weltkrieg im Stinnes-Legien-Abkommen erreichten sozialen Ausgleich abzuschaffen. Unterschrieben haben folgende Unternehmer der Stahl verarbeitenden Industrie, bzw. der Montanindustrie, die verbandlich eine wesentliche Rolle spielten: Gustav Krupp von Bohlen und Halbach (1870–1950), Peter Klöckner (1863–1940), Paul Silverberg (1876–1959), Albert Vögler (1877–1945), Fritz Springorum (1886–1942), Carl Friedrich von Siemens (1872–1941) Hermann Bücher (1882–1951), Ernst v. Borsig (1809–1956).
- Das Schreiben von Paul Reusch (1868–1956) zeigt, dass Brüning über den Reichspräsidenten vom Verbandseinfluss der deutschen Industrie abhängig war und dass der Meinungswandel in Bezug auf Brüning letztlich zu dessen Sturz beitrug.

Zu den Aufgaben

1. Vgl. hierzu die Beschreibungen von M40 und M41, die Bilder M18 und M19 illustrieren die Zeitläufe.
2. Nicht nur die Arbeitslosigkeit und die fehlende staatliche Hilfe bieten alleine einen Erklärungsansatz. Vielmehr sind die in M43 gezeigten sozialen Prägungen wichtig, wozu die Obrigkeitshörigkeit, der Ruf nach einem starken Mann, die latente Judenfeindlichkeit und die Borniertheit, was politische Prozesse anbelangt – die Stammtischmentalität –, gehört. Überdies ist das Gefühl entscheidend, nach dem Ersten Weltkrieg ungerecht behandelt worden zu sein.
4. M44 zeigt vor allem, dass – im Verhältnis zu allen Wahlberechtigten – Selbstständige und Mithelfende ebenso wie Berufslose bei den Wählern der NSDAP überrepräsentiert sind; sämtliche anderen genannten Gruppen sind dagegen unterrepräsentiert.
   M55 zeigt, dass die NSDAP vor allem bei Nicht-Katholiken Erfolg hatte. Selbst im März 1933 sind die Katholiken weit unterrepräsentiert. Angesprochen von der NSDAP werden zunächst Katholiken in der Stadt und Protestanten aus ländlichen Gebieten.
   Der Wahlerfolg der NSDAP im Jahr 1930 lässt sich mit der Weltwirtschaftskrise erklären. Der Trend setzt sich im Juli 1932 fort und scheint im November gebrochen, mithilfe der terroristischen Maßnahmen gelang es, im März 1933 die Stimmenzahl zu erhöhen.
5. Vgl. hierzu die Beschreibung von M49.
6. Die Karikatur ist eine Überspitzung, die politische Tendenzen und Verhaltensweisen aufzeigt. Andererseits nutzt sie Stereotype, die auch heute gegenüber dem parlamentarischen Betrieb benutzt werden, um den Parlamentarismus insgesamt zu diffamieren.

Anregungen zur Unterrichtsgestaltung

Die drei gedanklichen Schritte, die dem Kapitel zugrunde liegen, sollten auch im Unterricht thematisiert werden: Das Phänomen der Weltwirtschaftskrise und ihre strukturellen Gründe, das problematische parlamentarische System in Weimar und seine Rezeption in der Öffentlichkeit (M48), die zunehmende Radikalisierung sowie die Rolle der Industrie. Insbesondere der letzte Aspekt bietet Möglichkeiten, über biografische Kurzreferate die Einstellung der Beteiligten (vgl. M49) zu erschließen.

Tafelbild 5:

Das Ende der Weimarer Republik

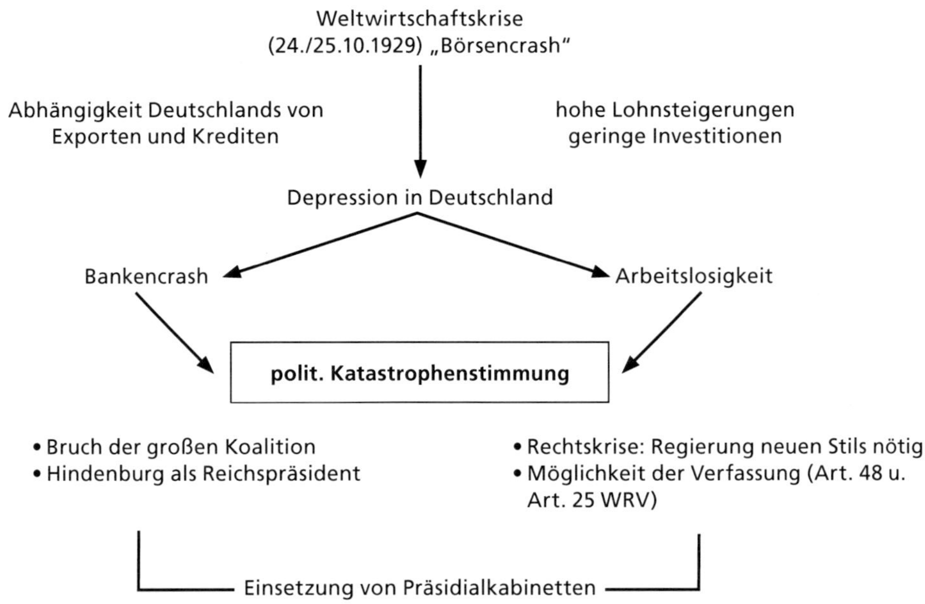

4. Der Weg in die Diktatur (S. 154–156, S. 172–173)

Zum Aufbau des Teilkapitels

Ausgehend vom Verfassungsbruch, der die „Gleichschaltung" Preußens darstellt, erweist sich die Regierung des Reichskanzlers Franz von Papen als der Anfang vom Ende der Weimarer Republik. Die Ablehnung der Republik durch die Mehrheit der Wähler im Jahr 1932, die Intrige General von Schleichers und die Unterschätzung Adolf Hitlers ebneten den Weg in die Diktatur.

Zu den Materialien

Beide Plakate kennzeichnen die Zuspitzung der politischen Lage im Verlauf des Jahres 1932. M 28 M 29

Das Wahlplakat des Zentrums zu den preußischen Landtagswahlen am 24. April 1932 zeigt einen übergroßen Mann, der mit aufgekrempelten Ärmeln jeweils einen Vertreter

- der KPD (rotes Hemd, Schiebermütze, Hammer und Sichel als Abzeichen auf dem Hemd) und
- der NSDAP (SA-Uniform, Hakenkreuzbinde)

daran hindert, Hand an dem Fels „Preußen" zu legen, auf dem das Reichstagsgebäude als Sinnbild des demokratischen Deutschen Reichs ruht. Der Nationalsozialist ist mit einem Hammer bewaffnet, der Kommunist mit einer Bombe mit Zündschnur, die auf den Boden gefallen ist. Die bildliche Botschaft wird unterstützt mit dem Aufruf „Hände weg von Preußen" bzw. „wählt Zentrum". Reichstag und Fels sind der Eindeutigkeit halber noch mit Aufschriften versehen. Eine genaue Zuordnung der Person in der Mitte ist nicht möglich, die Farbgebung schwarz und weiß verweisen auf die Zentrumspartei (vgl. M27).

Das Plakat der SPD wirkt heute als Kommentar zu den Ereignissen im Juli 1932. Gezeigt wird Franz von Papen (Monokel, Barttracht), der eine Krone von Gnaden der NSDAP (Hakenkreuz) trägt, auf die ein blutender, verhärmter Mann als Symbolfigur für den einfachen Mann, bzw. das Volk aufgespießt ist. Ergänzt wird die Bildaussage mit dem erläuternden Ausruf: „An diesem System stirbt das Volk!“ und mit der Aufforderung „Wählt Sozialdemokraten – Liste 1“.

M 53 Der Überblick über die Wahlergebnisse in der Weimarer Republik zeigt die Reduzierung des Einflusses der Weimarer Koalition und die Zunahme der Stimmen für die radikalen Parteien. Anhand der Wahlergebnisse allein lässt sich allerdings die Kanzlerschaft Hitlers nicht erklären.

Faktoren wie die unversöhnliche Gegnerschaft in der Linken, der Terrorismus der NSDAP, die faktische Außerkraftsetzung der Verfassung und die Rolle der Konservativen müssen als Erklärungen mit einbezogen werden.

Zu den Aufgaben

1. Hindenburg will eine starke Rechte. Darüber hinaus werden sein Argwohn gegen Parteien und Politiker sowie gegen den Parlamentarismus deutlich. Grundlage seines Denkens bildet die preußische Felddienstordnung.
2. Insbesondere die Kombination von Art. 48 mit Art. 25 WRV zeigen die Verfassungswidrigkeit des Handelns.
3. Vgl. die Beschreibungen von M28 und M29.
4. Das Schrumpfen der Anteile der Weimarer Koalition ist evident.
5. Die Wahlergebnisse demonstrieren, dass die NSDAP nicht die Mehrheit besaß, sondern dass Hitler nur durch die Unterstützung der Konservativen als Führer der stärksten Fraktion ins Amt gehievt wurde.

5. Der 30. Januar 1933: Ein Betriebsunfall? (S. 156–175)

Zum Aufbau des Teilkapitels

Das Kapitel fasst die Ergebnisse des Gesamtkapitels zusammen und liefert vier Erklärungsansätze für das Scheitern Weimars: die Überforderung „Weimars“ angesichts der Problemlage nach dem Ersten Weltkrieg, die Enttäuschung der Bürger, die Heilsversprechen der NSDAP sowie die zweifelhafte Rolle der Konservativen in Deutschland.

Zu den Materialien

M 54 Rudolf Breitscheid (1874–1944) zieht Bilanz. Er spricht von der Zwangsläufigkeit der Entwicklung seit der Einrichtung von Präsidialkabinetten und stellt fest, dass eine außerparlamentarische Aktion nach der „Machtergreifung“ nicht sinnvoll sei, da sie letztlich Hitler den Vorwand liefere, den Boden der Verfassung zu verlassen.

M 55 Die zitierten Historiker setzten jeweils andere Schwerpunkte als Erklärung für den 30. Januar 1933:

- Detlef J. K. Peukert versteht die „Machtergreifung" als Ausdruck einer Modernisierungskrise.
- Eberhard Kolb deutet den 30. Januar als Ergebnis der Infragestellung des pluralistischen Weimarer Systems insbesondere durch Bürgertum und Konservative.
- Heinrich August Winkler sieht den Übergang von der Regierung Brüning auf die von Papens als die Abkehr von der parlamentarischen Legitimation. Schließlich sieht er in der Unterschätzung der Bedeutung eines einzelnen Verfassungsartikels (vgl. Art. 25 WRV) eine der Ursachen für das Scheitern Weimars.

Zu den Aufgaben

1. Vgl. die Beschreibung von M54
2. Vgl. die Beschreibung von M55

II. Hitlers willige Volksgenossen? Die Deutschen und der Holocaust

Zum Aufbau des Kapitels

Das Kapitel besteht aus einer Auftaktdoppelseite, die dem Themenaufriss dienen soll, bevor dann in sieben Kapiteln die zugrunde liegende Fragestellung schrittweise beantwortet wird. Zunächst vorwiegend chronologisch argumentierend (Kapitel 1–3), wird dann systematisch nach dem Massenmord und seinen Tätern, nach dem Wissensstand in der Bevölkerung und schließlich nach verschiedenen Verhaltensweisen in dieser Situation gefragt (Kap. 4–6), bevor das Ende und Nachwirken des Holocaust thematisiert werden (Kap. 7).

Zur Auftaktseite (S. 180–181)

Die Auftaktdoppelseite besteht aus *zwei Fotos*, die die brennende Synagoge in Bielefeld und die dort versammelten Schaulustigen während des Novemberpogroms 1938 zeigen. Bemerkenswert an diesen Bildern ist, dass es sich um *Farbfotografien* handelt, die damals noch nicht sehr weit verbreitet waren, und dass es sich um *Amateurfotos* handelt, was an der Unschärfe der Aufnahmen zu erkennen ist.

Der *einführende* Text erläutert die zentrale Fragestellung des Kapitels:
- die Verbindung von Holocaust und Nationalsozialismus,
- die Verstrickung der deutschen Bevölkerung, die die Forschung nach der Verdrängung der unmittelbaren Nachkriegszeit immer deutlicher herausgearbeitet hat,
- die Komplexität der einzelnen Aspekte,
- die Mechanismen der Anpassung und Kollaboration.

Anregungen zur Unterrichtsgestaltung

Es bietet sich an, mit einem Frage-Cluster zum Thema Holocaust zu beginnen. Dabei können die Schülerinnen und Schüler sie interessierende Fragen etwa auf Blättern formulieren, die an der Tafel gesammelt und geordnet werden. Ausgehend von dieser Annäherung kann dann der einführende Text betrachtet und seine Argumentation mit den Fragen aus dem Kurs verglichen werden. In einem dritten Schritt lassen sich die Fotos im Hinblick auf die Frage „Hitlers willige Volksgenossen?“ betrachten. Dass die Deutschen von der Verfolgung der Juden etwas mitbekommen haben, ist durch die Aufnahmen dokumentiert. Mit welcher Einstellung sie dies wahrnahmen und welche Konsequenzen sie daraus zogen, muss offen bleiben. Zur Vertiefung kann mithilfe des Inhaltsverzeichnisses der Aufbau des Kapitels und die zugrunde liegende Argumentation untersucht werden (s. o.).

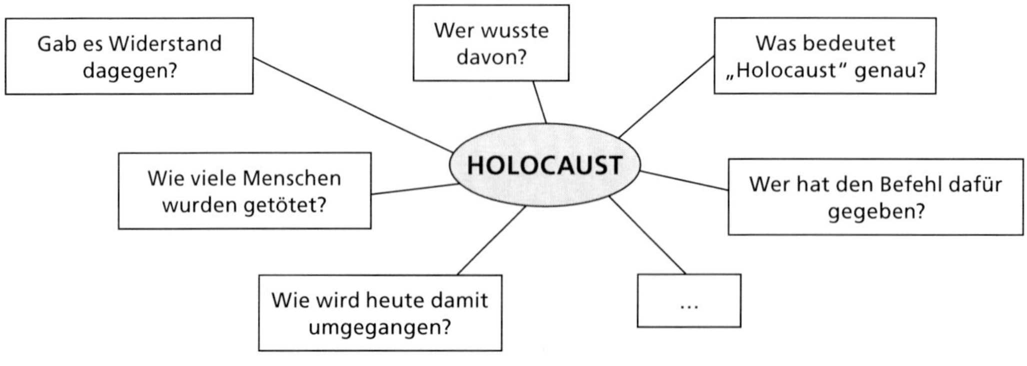

1. Antisemitismus in der deutschen Gesellschaft (S. 182–184, S. 202–203)

Zum Aufbau des Teilkapitels

Der Text geht aus von der Gleichberechtigung der Juden in der Weimarer Republik, wirft dann einen Blick auf die Traditionen des Antisemitismus im 19. Jahrhundert, um schließlich die zunehmende Judenfeindschaft in der Weimarer Republik zu thematisieren. Die Marginalien strukturieren dabei den Text.

Zu den Materialien

Die Postkarte nimmt Bezug auf das gleichnamige Lustspiel von Carl Rößler, in dem die fünf Brüder aus der jüdischen Bankiersfamilie Rothschild zu wichtigen Besprechungen in Frankfurt zusammenkommen, wobei die geplante Heirat einer Tochter mit dem Herzog – das Stück spielt 1822 – durch das resolute Auftreten der Herrin des Hauses verhindert wird. Bemerkenswert an der bildlichen Darstellung sind die jüdischen Stereotype, was sie verdeckt antisemitisch wirken lässt. M 2

Das Plakat des Reichbundes jüdischer Frontsoldaten zeigt zum einen die aktive Beteiligung von Juden am Ersten Weltkrieg und zum anderen das Bemühen, durch den Hinweis auf dieses patriotische Opfer der antisemitischen Propaganda zu begegnen. M 3
Der Reichsbund jüdischer Frontsoldaten (RjF) wurde 1919 von Leo Löwenstein gegründet. Er hatte mehr als 30 000, zeitweise bis zu 55 000 Mitglieder. Die Verbandszeitschrift war „Der Schild". 1938 wurde der Reichsbund aufgelöst, nachdem ihm bereits 1936 jegliche politische Tätigkeit untersagt worden war.

Abgebildet sind zwei prominente jüdische Politiker: die Sozialistin Rosa Luxemburg, die während des Kaiserreichs wegen ihrer Einstellung verfolgt, inhaftiert und schließlich im Zuge des sogenannten Spartakus-Aufstands von rechten Militärs ermordet wurde; der liberale DDP-Politiker Walter Rathenau fiel als Außenminister 1922 einem Attentat zum Opfer. Beide Biografien zeigen die einflussreiche Rolle, die Juden in der deutschen Politik spielten, und den antisemitischen Hass, dem sie ausgesetzt waren. M 4

Das Plakat eignet sich zum einen dafür, wichtige Repräsentanten der Weimarer Politik und führende Nationalsozialisten bekannt zu machen. Zum anderen lässt sich die propagandistische Wirkung analysieren: M 21
- Gegenüberstellung Hitler-Wähler vs. Hindenburg-Wähler,
- Verwendung der Schrifttypen: (deutsche) Fraktur vs. Anleihen bei der hebräischen Schrift
- direkte Anrede des Betrachters am Ende,
- Diffamierung der Hindenburg-Wähler als jüdisch, wenngleich nur einige der Abgebildeten Juden waren.

Albert Grzesinski (1879–1947): unehelich geboren, gelernter Metalldrücker, Gewerkschafter und Sozialdemokrat, 1925/26 Polizeipräsident in Berlin, 1926–1930 preußischer Innenminister, Emigration in die USA

Bernhard Weiß (1880–1951): aus jüdischer Familie, Weltkriegsteilnehmer, Jurist, DDP-Politiker, stellvertretender Polizeipräsident von Berlin, Emigration nach London

Georg Bernhard (1875–1944): Wirtschaftsjournalist, Chefredakteur der linksliberalen Vossischen Zeitung, DDP-Mitglied; Emigration über Frankreich in die USA

Heinrich Hirtsiefer (1876–1941): gelernter Schlosser, Weltkriegsteilnehmer, christlicher Gewerkschafter, Zentrumspolitiker, preußischer Minister und stellvertretender Ministerpräsident, 1933 verhaftet, KZ-Haft, starb an den Haftfolgen

Magnus Hirschfeld (1868–1935): aus jüdischer Familie, Arzt, Sexualforscher, Lazarett-Arzt im Ersten Weltkrieg, Plädoyer für Straffreiheit der Homosexualität, Emigration nach Frankreich

Otto Hörsing (1874–1937): Metallarbeiter, Weltkriegsteilnehmer; Gewerkschafter und Sozialdemokrat; Vorsitzender des Reichbanners Schwarz-Rot-Gold; 1932 Ausschluss aus der SPD

Johannes Bell (1868–1949): Jurist, Zentrumspolitiker, Mitunterzeichner des Versailler Vertrags als Reichsverkehrsminister; Vizepräsident des Reichstags

Rudolf Hilferding (1877–1941): aus österreichischer jüdischer Familie, Mediziner und Ökonom; Feldarzt der österreichisch-ungarischen Armee im Ersten Weltkrieg, USPD-, später SPD-Mitglied; Reichsfinanzminister, Emigration nach Frankreich, nach deutscher Besatzung Verhaftung und Tod in Gestapo-Haft

Adam Stegerwald (1874–1945): Bauernsohn, Schreiner, führender Gewerkschafter, Zentrumspolitiker, Reichsminister, nach 1933 zeitweise in Haft, nach dem Zweiten Weltkrieg Gründungsmitglied der CSU

Arthur Crispien (1875–1946): Theatermaler, Journalist; USPD-, später SPD-Politiker; Emigration in die Schweiz.

Diesen Personen werden führende Nationalsozialisten gegenübergestellt:

Hermann Göring (1893–1946): aus bürgerlicher Familie, hoch dekorierter Weltkriegsteilnehmer, Teilnehmer am Hitler-Putsch, führender NSDAP-Politiker, maßgeblich an der Durchführung des Judenmords beteiligt, 1946 im Nürnberger Prozess zum Tode verurteilt, vor der Vollstreckung Selbstmord

Alfred Rosenberg (1893–1946): aufgewachsen im Baltikum, politischer Schriftsteller und wichtiger Ideologe der NSDAP, maßgeblich an der Durchführung des Judenmords beteiligt, 1946 im Nürnberger Prozess zum Tode verurteilt

Franz von Epp (1868–1946): Berufssoldat, maßgeblich an der Niederschlagung der Revolution in Bayern sowie an Aufständen gegen die Weimarer Republik von rechts beteiligt (Freikorps Epp), wichtiger NSDAP-Politiker, nach 1933 Reichsstatthalter in Bayern

Ernst Röhm (1887–1934): Berufssoldat, Teilnehmer am Hitler-Putsch; Führer der SA, Ermordungen/Tötungen im Auftrag Hitlers im Zuge des sogenannten Röhm-Putsches

Karl Litzmann (1850–1936): aus alter brandenburgischer Familie, Berufssoldat, General im Ersten Weltkrieg, NSDAP-Mitglied und Reichstagsabgeordneter

Gregor Strasser (1892–1934): aus bayerischer Beamtenfamilie, Apotheker, Weltkriegsteilnehmer, Mitglied im Freikorps Epp, Beteiligung am Hitler-Putsch, wichtiger NSDAP-Politiker (zeitweise Reichspropagandaleiter), Konflikt mit Hitler, Ermordung im Zuge des sogenannten Röhm-Putsches

Hans Schemm (1891–1935): Volksschullehrer, Gauleiter und nach 1933 bayerischer Kultusminister, Tod bei einem Flugzeugunglück
Wolf-Heinrich Graf v. Helldorf (1896–1944): Rittergutsbesitzer, NSDAP-Reichstagsabgeordneter und Berliner Polizeipräsident, allmähliche Hinwendung zum Widerstand gegen Hitler im Zuge des nahenden Krieges; zögerliche Haltung beim Aufstand des 20. Juli 1944, Verurteilung und Hinrichtung

Joseph Goebbels (1897–1945): führender Nationalsozialist, Reichspropagandaminister, Selbstmord bei Kriegsende

Wilhelm Frick (1887–1946); Jurist, Teilnehmer am Hitler-Putsch, führender Nationalsozialist, 1930 Minister in Thüringen, nach 1933 Reichsinnenminister, im Nürnberger Prozess zum Tode verurteilt und hingerichtet.

Zu den Aufgaben

1.
a) Hervorzuheben sind:
- antisemitische Traditionen im Kontext der Entwicklung des Christentums,
- Emanzipation und Gleichberechtigung im 19. Jh.,
- Verschärfter Antisemitismus als Reaktion; biologisch-rassische Ausdeutung des Antisemitismus,
- geringe Wirkung antisemitischer Parteien im Kaiserreich,
- verstärkter Antisemitismus während des Ersten Weltkriegs,
- in der Weimarer Republik: Verschärfung des Antisemitismus vor allem während der Krisenzeiten, Radikalisierung und zunehmende Gewaltbereitschaft,
- führende Rolle der NSDAP in der antisemitischen Hetze.

b) Hervorzuheben ist der Gegensatz zwischen politischer Gleichberechtigung und gesellschaftlicher Anerkennung einerseits sowie sozialer Diskriminierung und antisemitischer Hetze andererseits.

2. Siehe Anmerkungen zu M21.
3. Zentrale Aussagen Hitlers:
- Plädoyer für Vergasung der jüdischen Soldaten im Ersten Weltkrieg (Z. 1–7),
- Schuld der Juden an der Niederlage im Ersten Weltkrieg aufgrund systematischer Schwächung des deutschen Volkes (Z. 8–11, 20–26),
- „Rasseproblem" als zentrale politische Frage (Z. 12–16).

4.
a) Aussagen des Kardinals:
- Verurteilung der Grabschändungen (Z. 1 ff.),
- Bekundung des Mitgefühls (Z. 9 ff.),
- Sorge über politische Entwicklung (Z. 11 ff.).

b) Bemerkenswerte Meinungsäußerung eines kirchlichen Würdenträgers zugunsten der jüdischen Bevölkerung angesichts der 1932 fortgeschrittenen antisemitischen Hetze.

Anregungen zur Unterrichtsgestaltung

Eine Internetrecherche zum Wahlplakat (jeweils ein Schüler zu einer Person) ermöglicht einen ersten biografischen Zugang. Zur Vertiefung können die Quellentexte gelesen und der Darstellungstext ausgewertet werden (vgl. Aufgaben 1, 3 und 4). Zur Visualisierung der Plakatanalyse ist folgende Darstellung sinnvoll:

Ein Propagandaplakat der NSDAP
(Reichspräsidentenwahl 1932)

Historischer Hintergrund:
Weimarer Republik
Gleichberechtigung vs. Antisemitismus

Anlass: Reichspräsidentenwahl 1932

„Juden":
Grzesinski – Weiss – Bernhard – Hirtsiefer – Hischfeld – Hörsing – Bell – Hilferding – Stegerwald – Crispien

Angestrebte
Wirkung der Personen:
oft älter
bürgerlich-bieder
„jüdisch"

←

Diffamierung als
„jüdisch" (Schrift!)

Nationalsozialisten:
Göring – Rosenberg – Epp – Röhm – Litzmann – Strasser – Schemm – Helldorf – Goebbels – Frick

Angestrebte
Wirkung der Personen:
zumeist jung
entschlossen
militärisch

Appell an rassische Zugehörigkeit
Aufruf zur Wahl Hitlers

2. Verfolgung und deutsche Gesellschaft 1933–1937 (S. 185–188, S. 204–205)

Zum Aufbau des Teilkapitels

Ausgehend von einer kurzen Skizze der nationalsozialistischen Machtsicherung und des NS-Herrschaftssystems steht die schrittweise Entrechtung und die sich verschärfende Verfolgung der Juden in Deutschland im Mittelpunkt. Wichtige Stationen waren dabei administrative Maßnahmen wie das Gesetz zur Wiederherstellung des Berufsbeamtentums, öffentlichkeitswirksame Aktionen wie der Boykott jüdischer Geschäfte, dann die Nürnberger Gesetze. Ein kritischer Blick auf die mit dem Begriff der Volksgemeinschaft verbundenen Propagandaversprechen beschließt diesen Abschnitt.

Zu den Materialien

M 6 Das Propagandafoto illustriert den Massenaufmarsch bei den Reichsparteitagen.

M 7 Die Besonderheit dieses Fotos ist die englische Übersetzung des Boykottaufrufs. Daran ist erkennbar, dass diese Aktion bewusst öffentlichkeitswirksam inszeniert war und auch über Deutschland hinaus wirken sollte.

M 8 Dieses Foto zeigt die üble Diskriminierung im Alltag.

M 24 Das Foto knüpft an die Illustrationen des Darstellungstextes an. Es ist dem auf der Zusammenfassungsseite genannten Titel von Heese/Springer entnommen. Diese verdienstvolle Dokumentation versammelt eine Fülle von Bilddokumenten aus deutschen Archiven. Beispiele daraus finden sich auch im Folgenden.

Diese Quelle enthält zentrale Passagen des „Gesetzes zum Schutze des deutschen Blutes und der deutschen Ehre", das zusammen mit dem „Reichsbürgergesetz" die „Nürnberger Gesetze" bildete. Hier wird die *rechtliche* Diskriminierung deutlich. M 25

Eine fast zeitgleich entstandene Beschreibung der Situation der Juden enthält der Text aus der „Jüdischen Rundschau". Daran wird deutlich, dass bereits vor den „Nürnberger Gesetzen" das Leben der Juden durch Isolation und Diskriminierung gekennzeichnet war. Die Jüdische Rundschau wurde 1902 gegründet und war eine der am stärksten verbreitesten jüdischen Zeitungen. In der Zeit des Nationalsozialismus erschien sie mit einer Auflage von über 30 000 Exemplaren noch bis 1938. M 26

Dieser interne Bericht zeigt zwei Reaktionsweisen auf die „Nürnberger Gesetze": Zustimmung und Ablehnung. Der Text bietet sich für eine quellenkritische Reflexion an: Was ist dem Bericht zu entnehmen? Aus welcher Perspektive wurde er verfasst? Wie glaubwürdig sind die Aussagen? Bemerkenswert ist, dass, obwohl die rechtliche Diskriminierung offiziell befürwortet wird (Z. 3–5), kritische Einwände wahrgenommen werden. M 27

Die drei Bilder zeigen verschiedene Formen der Judendiskriminierung: das öffentlich sichtbare Spruchband, der nur scheinbar witzige Fastnachtsumzug und die antisemitische Gestaltung des Türklopfers an einem Rathaus. Die fotografischen Dokumente dieses Teilkapitels sind wichtige Quellen dafür, dass die Diskriminierung und Verfolgung der Juden öffentlich, d. h. für jedermann sichtbar erfolgte. M 28 – M 30

Zu den Aufgaben

1.
a) Zu nennen wären neben anderen Maßnahmen:
   - Boykott,
   - „Nürnberger Gesetze".

b) Beim Boykott sind verschiedene Reaktionen festzustellen (vgl. S. 186):
   - Solidarität der Stammkundschaft und anderer Bürger,
   - offene oder versteckte Ablehnung öffentlicher Herabwürdigung,
   - Duldung der Aktionen und Anpassung an die offiziell erwünschte Haltung.

   Die Reaktion auf die „Nürnberger Gesetze" lässt sich aus M27 erschließen (s. dort).

c) Zu erwähnen ist die für viele attraktive Wirkung der „Volksgemeinschaft", die per se auf dem Ausschluss der jüdischen Mitbürger beruhte (vgl. S. 187 f.).

2. S. Anm. zu M25–27.
3. S. Anm. zu M28–30.

Anregungen zur Unterrichtsgestaltung

Es bietet sich an, von den Fotos auszugehen und ihren Quellenwert zu diskutieren. Dazu können die Schülerinnen und Schüler zunächst ihre Eindrücke äußern. In einem zweiten Schritt lassen sich dann die Stufen der Judenverfolgung und die Reaktion der Bevölkerung sowie der jeweilige Beleg in einer dreispaltigen Übersicht zusammenstellen (s. nächstes Teilkapitel).

3. Verschärfung der Verfolgung 1938–1939 (S. 188–190, S. 206)

Zum Aufbau des Teilkapitels

Dieser Abschnitt schließt unmittelbar an das vorherige Kapitel an und führt die Entwicklung bis Kriegsbeginn weiter. Im Mittelpunkt steht dabei das Novemberpogrom 1938. Aufgrund des epochalen Charakters dieses Ereignisses ist eine Hervorhebung in einem eigenen Kapitel angebracht.

Zu den Materialien

M 9 Das Foto zeigt, wie eine Synagoge verbrannt wird. Bemerkenswert ist dabei der Akt der Zerstörung selbst, aber auch und vor allem die öffentliche Inszenierung.

M 10 Der Aufruf vom 10.11. rechtfertigt zum einen den angeblich spontanen Ausbruch des Volkszorns während des Pogroms und fordert zum anderen zur Wahrung der Ordnung auf. Da er an die Münchner Bürger gerichtet ist, wirft es die Frage nach der Einstellung der Bevölkerung zu den Ereignissen auf. Diese wird im Text erläutert (vgl. S. 189).

M 31 Die privaten Aufzeichnungen der Hamburger Lehrerin geben einen anschaulichen Eindruck von der Situation nach dem Pogrom. Zugleich spiegelt sich in dem Text selbst eine bestimmte Einstellung zu den Ereignissen wider: Luise Solmitz ist von der Aktion bedrückt und lehnt sie ab.

M 32 Das Foto beleuchtet eine wichtige Folge des Pogroms: die Arisierung jüdischen Eigentums.

Zu den Aufgaben

1.
a) Zu erwähnen ist neben dem Novemberpogrom die Situation in Österreich sowie die Bedeutung des Kriegsbeginns.
b) Siehe Übersicht bei den Anregungen für die Unterrichtsgestaltung.
2.
a) S. Anm. zu M31. Wichtige Hinweise auf die Einstellung von Luise Solmitz: „böser Tag“ (Z. 2), „hässliche Atmosphäre“ (Z. 13), „Untergang“ (Z. 21 f.), „angstvolle Stimmung“ (Z. 34).
b) Zu erwähnen sind in diesem Zusammenhang:
   - die Zerstörungen,
   - die (nicht erwähnten) Bußezahlungen,
   - die sichtbaren Besitzerwechsel und Umbenennungen.

Anregungen zur Unterrichtsgestaltung

Es bietet sich an, auf Grundlage des Darstellungstextes und der Materialien eine zusammenfassende Übersicht über die Stufen der Judenverfolgung und die Reaktionsweisen der Bevölkerung zu erstellen. Dies kann durch weitere Informationen aus einschlägigen Darstellungen sowie aus dem Internet ergänzt werden.

Stufen der Judenverfolgung bis 1939 – und die Reaktion der Bevölkerung

Maßnahme/Aktion	Reaktion der Bevölkerung	Beleg
Boykott	– Solidarität der Stammkundschaft und anderer Bürger – offene oder versteckte Ablehnung öffentlicher Herabwürdigung – Duldung der Aktionen und Anpassung an die offiziell erwünschte Haltung	Darstellung, S. 186
„Nürnberger Gesetze"	– Zustimmung – Ablehnung	Quelle, S. 204 (M24)
Novemberpogrom	– Ablehnung der Zerstörung – Zustimmung einer Racheaktion für den Mord in Paris Grundsätzlich Akzeptanz: – Verdrängung der Juden aus dem Wirtschaftsleben – Forcierung der Auswanderung	Quelle, S. 206 (M31) Darstellung, S. 188
Grundlegender moralischer Wandel Anpassung an das Regime Zustimmung zu bzw. Beteiligung an antijüdischen Maßnahmen Antisemitismus als Karrierevorteil Ausschaltung jüdischer Konkurrenz		

4. Der Massenmord und die Täter (S. 190–192, S. 207–209)

Zum Aufbau des Teilkapitels

Der Text skizziert den Übergang zum systematischen Massenmord während des Zweiten Weltkriegs, wobei der Angriff auf die Sowjetunion eine entscheidende Wende bedeutete. Dann wird die Frage nach den Tätern diskutiert, wobei eine erhebliche Beteiligung der Bevölkerung festzustellen ist.

Zu den Materialien

Das Foto zeigt die Zustände im Warschauer Ghetto. 1940 im Stadtzentrum Warschaus eingerichtet, dient es als Sammellager und Ausgangspunkt für die Deportationen vor allem nach Treblinka. Nach dem gescheiterten Aufstand 1943 wurde es systematisch zerstört. M 11

Das Foto zeigt in Auschwitz ankommende Juden. M 12

Das Schaubild soll einen Eindruck von den am Massenmord beteiligten Entscheidungsträgern geben. Der Verzicht auf Pfeile signalisiert, dass es sich nicht um eindeutige Befehlswege – etwa von oben nach unten – handelte, sondern um ein Zusammenwirken verschiedener Stellen, die z. T. in vorauseilendem Gehorsam dem „Führer entgegenarbeiten" wollten, mithin die Aktionen „von unten" und „vor Ort" radikalisierten. M 13

Das Foto zeigt die Situation vor einer Massenerschießung. Dabei ist zu bedenken, dass viele Fotos nicht eindeutig zuzuordnen sind; jedoch ist die Aufnahme für die leitende Fragestellung überaus aufschlussreich: M 33
- Sie zeigt, dass Juden ihr Grab schaufeln mussten.
- Sie wurden dabei von vielen Soldaten beobachtet.
- Das Geschehen wurde fotografiert; die Fotografien vermutlich auch weitergegeben.

M 34 Aus einer anderen zeitlichen Perspektive belegen die Erinnerungen von Franz Josef Strauß, dass der Judenmord öffentlich stattfand.

M 35 Die Karte gibt einen Überblick über die „Orte der Vernichtung“ – s. die Anm. zu Aufgabe 6.

M 36 Dieser Befehl belegt, dass der Judenmord nicht nur eine Angelegenheit der SS, sondern auch der regulären Wehrmachtsverbände war. Sie wurden auf den Weltanschauungs- und Vernichtungskrieg verpflichtet.

M 37 Das Foto zeigt die wichtigsten Täter in Auschwitz:

Richard Baer (1911–1963): gelernter Konditor, seit 1930 NSDAP-Mitglied, seit 1933 im KZ Dachau eingesetzt, seit 1944 Lagerkommandant in Auschwitz, nach dem Krieg hielt er sich versteckt, wurde 1960 verhaftet und starb in Untersuchungshaft.

Josef Kramer (1906–1945): Elektriker, seit 1931 NSDAP-Mitglied, seit 1934 im KZ Dachau eingesetzt, Aufstieg zum Lagerkommandanten u. a. in Auschwitz, zuletzt in Bergen-Belsen, dort nach der Befreiung verhaftet, zum Tode verurteilt und hingerichtet.

Rudolf Höß (1900–1947): Kriegsteilnehmer, seit 1922 NSDAP-Mitglied, wegen eines Fememordes in der Weimarer Republik verurteilt, 1934 im KZ Dachau eingesetzt, 1940–1943 Kommandant von Auschwitz, nach Kriegsende verhaftet, zum Tode verurteilt und hingerichtet. Während seiner Haft legte er in Aufzeichnungen über sein Leben und seine Tätigkeit Rechenschaft ab.

Josef Mengele (1911–1979): nach rassebiologischen Forschungen seit 1942 Lagerarzt in Auschwitz, wo er bei der Selektion mitwirkte und vor allem grausame Experimente an Zwillingen betrieb. Nach Kriegsende Flucht nach Südamerika, wo er vermutlich 1979 bei einem Badeunfall starb.

Zu den Aufgaben

1. Zu nennen sind u. a.:
   - Massenmorde im Zuge des Polenfeldzugs,
   - systematische Massenmorde nach dem Angriff auf die Sowjetunion,
   - Planungen für die systematische Ermordung aller Juden im Herbst 1941,
   - Einrichtung von Vernichtungslagern,
   - systematische Deportationen,
   - (Hinweis auf andere Opfergruppen).
2.
   - *„Endlösung“* ist ein Begriff, den die Nationalsozialisten verwendeten und der wegen seiner verharmlosenden Tendenz problematisch ist. Er sollte daher nur als Zitat des nationalsozialistischen Sprachgebrauchs verwendet werden.
   - *Holocaust* (griech. Brandopfer) ist der heute geläufigste Begriff. Seit der Ausstrahlung der gleichnamigen US-Fernsehserie Ende der 1970er-Jahre, in der das Schicksal einer jüdischen Familie dargestellt wird, fand er Eingang in die deutsche Sprache. Er steht in einem religiösen Kontext und beinhaltet daher die Gefahr, den Vorgang zu enthistorisieren.
   - *Schoah* (hebr. Große Katastrophe) ist vor allem im jüdischen Milieu gebräuchlich – in Israel gibt es einen eigenen Holocaust-Gedenktag (Jom haScho'a). Ähnlich wie der Begriff „Holocaust“ weist „Schoah“ religiöse Konnotationen auf. Claude Lanzmann drehte unter diesem Titel eine mehrstündige ergreifende Dokumentation.

3. Es lassen sich – neben den Entscheidungsträgern in den Zentren der Macht – vor allem zwei Gruppen unterscheiden (vgl. S. 191 f.):
   - „Schlüsselpersonal“: mit der Planung und Durchführung direkt Befasste,
   - „Unterstützer“: Ausführende ohne aktive Eigeninitiative.
4. Hier sind verschiedene Akzentsetzungen möglich: Es ist jedoch festzuhalten, dass eine erhebliche Anzahl Deutscher direkt oder indirekt am Massenmord beteiligt war und eine sehr viel größere Anzahl mehr oder weniger genau Bescheid wusste.
5. S. Anm. zu M36.
6.

a) Vernichtungslager lagen im Osten zumeist außerhalb des Reichsgebiets. Daraus lässt sich schließen, dass die im Reich liegenden Konzentrationslager, die sehr früh eingerichtet wurden, bewusst auch der Abschreckung von Regimegegnern dienten. Demgegenüber sollte der Massenmord in seiner Dimension geheim gehalten werden.
b) Die Antwort ist abhängig von der Auswahl und den Informationsquellen; zu Auschwitz zum Beispiel die offizielle Seite: http://en.auschwitz.org.pl/m/.

Anregungen zur Unterrichtsgestaltung

Ausgangspunkt der Darstellung kann die Karte „Orte des Terrors und der Vernichtung“ sein (M35), aus der u. a. der systematische Ausbau der Vernichtungslager im Osten ersichtlich wird und die die Frage nach den Verantwortlichen aufwirft. Dabei steht weniger die Frage im Mittelpunkt, wie es genau zum Übergang zum Massenmord kam, sondern vielmehr, wer daran in welcher Form beteiligt war. Dies lässt sich in einer Übersicht visualisieren, die wichtige Ereignisse nennt und versucht, verschiedene Tätergruppen zu unterscheiden. Dies kann anhand weiterer Materialien überprüft werden: Wo sind die Kommandanten von Auschwitz (M37), wo der Oberkommandierende der 6. Armee (M36) zu verorten? Welche Rolle spielen die Zuschauer beim Grabschaufeln (M33)? usw.

Der Massenmord und die Täter

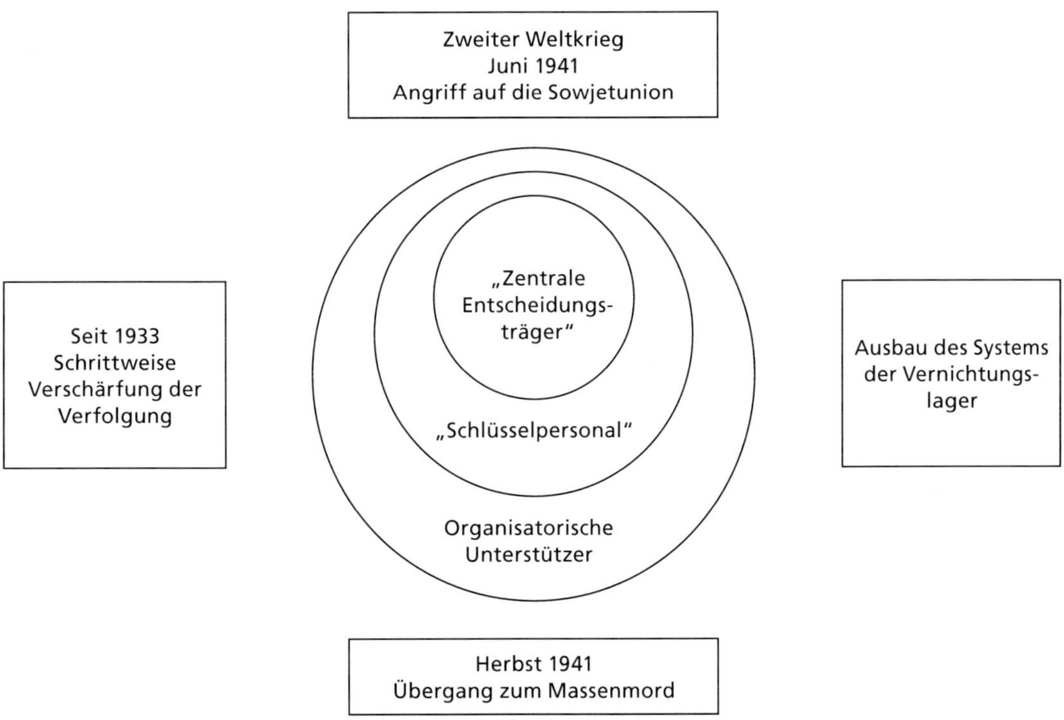

5. Wer hatte Kenntnis vom Massenmord? (S. 193–194, S. 210–211)

Zum Aufbau des Teilkapitels

Dieser Abschnitt widmet sich der zentralen Frage nach den Mitwissern und schließt die Frage nach den Tätern an. Deutlich wird dabei auf beklemmende Weise, dass „sich ein interessierter Bürger durchaus ein Bild von der Ermordung der Juden machen konnte“ (S. 194).

Zu den Materialien

M 14 Das Foto der Massenerschießung ist für die Fragestellung insofern bedeutsam, als es eine Reihe von Zuschauern zeigt (vgl. M33).

M 15 Der öffentlich ausgehängte Wochenspruch lässt an den Absichten des Regimes gegenüber den Juden keine Zweifel. Die „Vernichtung der jüdischen Rasse“ wird explizit angedroht.
Zwischen 1937 und 1944 erschien der „Wochenspruch der NSDAP“ als kleines Plakat (etwa DIN A 4), das in einem Wechselrahmen ausgehängt werden sollte. Es enthielt zumeist Zitate Hitlers oder anderer Nationalsozialisten. Adressaten waren vor allem diejenigen, die das Schulungsangebot der Partei nicht annahmen. Ab 1939 wurde der Wochenspruch vereinheitlicht und zentral vertrieben.

M 38 Die Radioansprachen von Thomas Mann wurden von der BBC ins Reichsgebiet hinein gesendet. Trotz des Verbots „Feindsender“ einzuschalten und trotz der versuchten Abschottung konnten Interessierte Informationen über den Massenmord an den Juden aus dem Ausland erhalten.

M 39 Aber auch hohe NS-Funktionäre scheuten sich nicht, in öffentlichen Reden ihrem Judenhass freien Lauf zu lassen und die Vernichtung unverhüllt anzudrohen.

M 40 Die NS-Führung nahm genau wahr, dass in der Bevölkerung über den Massenmord spekuliert wurde. Das Bemühen, eine einheitliche Sprachregelung zu finden, zeigt, dass der Kenntnisstand der Bevölkerung relativ gut war und das Regime versuchte, das Ausmaß des Mordens zu verschleiern. Wichtig ist der Hinweis, dass es sich um ein internes Papier handelt.

M 41 Die Meinungsumfrage zeigt, dass die Mehrheit der Befragten glaubte, erst nach 1945 vom Massenmord an den Juden erfahren zu haben, nur ein Drittel der Befragten vorher. Die Angaben der Unentschiedenen gehen zurück; die Meinung, erst nachträglich etwas erfahren zu haben, verstärkt sich im zeitlichen Verlauf tendenziell. Dies widerspricht, bzw. steht im Gegensatz zu den Quellen und deutet auf Verdrängungsprozesse nach 1945 hin.

Zu den Aufgaben

1. Festzuhalten ist, dass „sich ein interessierter Bürger durchaus ein Bild von der Ermordung der Juden machen konnte “ (S. 194).
2. Hier kommt es auf eine eigenständige Darstellung an. Zu berücksichtigen sind folgende Aspekte:
   - keine direkte Beteiligung der Mehrheit der Bevölkerung,
   - Wissen von den Verbrechen bei den Soldaten an der Ostfront,
   - Mitteilung der Beobachtungen gegenüber den Angehörigen zu Hause,
   - Informationen aus dem Ausland,

- offizielle Äußerungen von NS-Funktionären,
- Propagandapolitik: zwischen Drohungen und Verschleierungen.

3. S. Anm. zu M38–40.
4. S. Anm. zu M41.

Anregungen zur Unterrichtsgestaltung

Als Ausgangspunkt sollten die Materialien dienen, die nicht nur inhaltlich auszuwerten, sondern auch quellenkritisch zu beleuchten sind. Ein arbeitsteiliges Verfahren mit folgendem Arbeitsauftrag bietet sich an:

> Beantworten Sie mithilfe Ihrer Quelle die Frage: „Wer hatte Kenntnis vom Massenmord"? Stellen Sie dazu kurz das von Ihnen bearbeitete Material vor und fassen Sie die zentralen Informationen zusammen! Achten Sie auf die Quellenart!

Danach können die Ergebnisse mithilfe von Blättern visualisiert werden. Aus der Diskussion kann sich auch eine andere Anordnung ergeben:

Wer hatte Kenntnis vom Massenmord?

zeitgenössisch

Wochenspruch (M15)	Rede (M39)	Interner Bericht (M40)	Fotos (M14, M33)	Rundfunkansprache (M38)
öffentlich		*nicht-öffentlich*		*öffentlich unterdrückt*

rückblickend

Meinungsumfrage (M41)	Autobiografie (M34)

> **Ergebnis:**
> [„Aus der Vielzahl der Informationsmöglichkeiten, die trotz Einschränkungen und Zensur noch vorhanden waren, konnte sich ein interessierter Bürger durchaus ein Bild von der Ermordung der Juden machen" (S. 194)]

6. Verhalten angesichts der Verfolgung im Krieg (S. 195–197, S. 212–213)

Zum Aufbau des Teilkapitels

In diesem Abschnitt werden verschiedene Verhaltensweisen, die in der Bevölkerung nachweisbar sind, zusammengestellt. Mithilfe der Marginalien kann ein Spektrum möglicher Handlungsweisen zusammengestellt werden.

Zu den Materialien

M 16 Dieses Bild dokumentiert, dass die Deportationen „vor aller Augen“ stattfanden, am hellichten Tag, mitten in der Stadt (Bahnhof!) und von vielen Passanten beobachtet.

M 17 Dieses Foto zeigt, dass sich Deutsche am von Juden zurückgelassenen Besitz bereicherten.

M 18 Die Blindenwerkstatt Weidt war ein (seltenes) Beispiel dafür, dass Bürgerinnen und Bürger versuchten, Juden zu helfen.

M 42 Der SD-Bericht zeigt deutlich, dass in der Bevölkerung erhebliche Vorbehalte gegen die Deportationen bestanden. Die einzelnen wiedergegebenen Begründungen sind daher aufschlussreich.

M 43 – M 47 zeigt eine Bilderfolge von der Registrierung Wiesbadener Juden bis zur Deportation. Hier lässt sich wiederum erkennen, dass dies in aller Öffentlichkeit geschah. Auch wird deutlich, dass die Juden ihren Besitz zurücklassen mussten. Dass auf den Fotos kaum Reaktionen von Zuschauern erkennbar sind, macht es schwierig, solche Bilder in Bezug auf das konkrete Verhalten auszuwerten. Entgegen dem Bericht des SD vermitteln die Bilder den Eindruck eines reibungslosen Ablaufs.

M 48 Die Kleinanzeige ist ein Beleg dafür, dass die Versteigerung „nicht-arischen“ Besitzes öffentlich vonstatten ging und dass solche Ankündigungen offensichtlich auf große Resonanz stießen.

Zu den Aufgaben

1.
a) Eine Übersicht könnte so aussehen, dass aus dem Text einzelne Verhaltensweisen eruiert und dann auf einer Skala angeordnet werden (vgl. Anregungen zur Unterrichtsgestaltung).
b) Der Text bemüht sich um eine ausgewogene Darstellung, bedenkt die schwierige Quellenlage und beschreibt dann konkret einzelne Verhaltensweisen. Ein zusammenfassendes Urteil fehlt.
c) Der Text bietet eine Reihe von Anhaltspunkten, die sich zur eigenständigen Darstellung eignen.

2. S. Anm. zu M42.
a) Eruierung der Stimmung der Bevölkerung, um frühzeitig möglichen Widerstand zu entdecken.
b) Kritik an der Deportation von Juden im Raum Detmold; Begründungen bzw. Handlungen:
   - überflüssige Maßnahme,
   - Angst vor der Strafe Gottes,
   - Hinweis auf gute Juden,
   - Zustecken von Essen.
c) Trotz sachlichen Tons unverhohlene Ablehnung der Kritik (Z. 8 f., 18 ff., 32, 36 ff.).
d) Zunächst nur Momentaufnahme vom 31.7.1942 in Detmold, jedoch Hinweis auf breitere Strömungen ähnlicher Art.

3. S. Anm. zu M43–48.
4. Hier ist eine individuelle Abwägung erforderlich. Zu bedenken ist auf jeden Fall, dass der zu versteigernde Besitz gewaltsam enteignet wurde.

Anregungen zur Unterrichtsgestaltung

Aus dem Darstellungstext sowie aus den Materialien können verschiedene Verhaltensweisen erarbeitet werden, die dann auf einer Skala z. B. zwischen den Extremen „Denunziation“ und „Verbergen von Juden“ angeordnet werden können, bevor sie unter politisch-moralischen Aspekten diskutiert werden. Eine solche Übersicht könnte so aussehen:

Wie verhielt sich die Bevölkerung?

- Denunziationen
- öffentlicher Beifall
- Missfallens-bekundungen
- Teilnahme an Ver-steigerungen
- Kontakt zu Juden
- Verbergen von Juden
- Zustecken von Nahrungsmitteln

7. Massenmord und Kriegsniederlage (S. 198–199, S. 214–215)

Zum Aufbau des Teilkapitels

In diesem letzten Abschnitt wird die Situation gegen Ende des Krieges beleuchtet und ein Ausblick auf den Umgang mit dem Massenmord nach 1945 gegeben.

Zu den Materialien

Dieses geheim aufgenommene Foto dokumentiert die Endphase des Massenmords: KZ-Häftlinge werden nach der Auflösung der Lager auf Todesmärsche geschickt. **M 19**

Das Holocaust-Mahnmal in Berlin ist der zentrale Gedächtnisort in der Bundesrepublik. **M 20**

Das interne Dokument enthält Berichte über die Stimmungslage in kirchlichen Kreisen, die für die Verbrechen eine göttliche Strafe befürchten. Diese Haltung wird offiziell als „Instinktlosigkeit“ kritisiert, da in ihr eine Kritik an der NS-Politik zum Ausdruck kommt. Das Massaker von Katyn war ein Kriegsverbrechen der Roten Armee an polnischen Offizieren und Zivilisten. **M 49**

Dieser Zeitungsartikel zeigt deutlich die fortdauernde antisemitische Propaganda und die weithin unverhohlenen Morddrohungen der Nationalsozialisten. Das Gespenst der jüdischen Weltverschwörung wird nachhaltig vor Augen geführt. **M 50**

Der wissenschaftliche Text fasst zentrale Aussagen noch einmal zusammen und lenkt den Blick auf die Bewusstseinslage der Deutschen am Ende des Krieges. Er eignet sich daher als Grundlage für eine zusammenfassende Diskussion. **M 51**

An den Todesmarsch der Dachauer Häftlinge erinnern eine Reihe von identischen Denkmälern, die den Weg säumen. Dies ist ein Beispiel für einen regionalen Erinnerungsort. **M 52**

Zu den Aufgaben

1. S. Text, S. 198.
2.
a) Der Autor skizziert die Wandlungen in der Auseinandersetzung mit dem Holocaust und kommt zu dem Schluss: „Die Erinnerung an den Massenmord gehört nun zum Selbstverständnis der Deutschen." (S. 199).
b) Dieses Zitat kann der Ausgangspunkt für eine eigene Erörterung sein.
3. S. Anm. zu M49–50.
4. Das Verhalten der Deutschen wurde bestimmt durch:
   - den Antisemitismus,
   - die Anpassung an das Regime,
   - die Aussicht auf persönlichen Vorteil,
   - die jeweilige Situation.

   Folge war ein antijüdischer Konsens in den Jahren 1938/39, der nach 1942/43 zusehends verblasste und einem uneingestandenen schlechten Gewissen Platz machte.
5. Hier ist eine eigenständige Erörterung nötig.

Anregungen zur Unterrichtsgestaltung

Ausgangspunkt kann der heutige Umgang mit dem Holocaust sein – etwa mit Blick auf regionale Denkmäler (z. B. zum Todesmarsch der Dachauer Häftlinge) oder das zentrale Mahnmal in Berlin. Rückblickend ist die letzte Kriegsphase zu betrachten, da sie eine Antwort auf den schwierigen Umgang mit dem nationalsozialistischen Erbe bietet. Die aufgezwungene Schicksalsgemeinschaft mit den Nationalsozialisten machte es den Deutschen schwer, sich aus der moralischen Scham zu befreien und führte vielmehr zur Verdrängung des Geschehenen. Dieser Zusammenhang kann in einer Tafeldarstellung visualisiert werden:

Massenmord und Kriegsniederlage

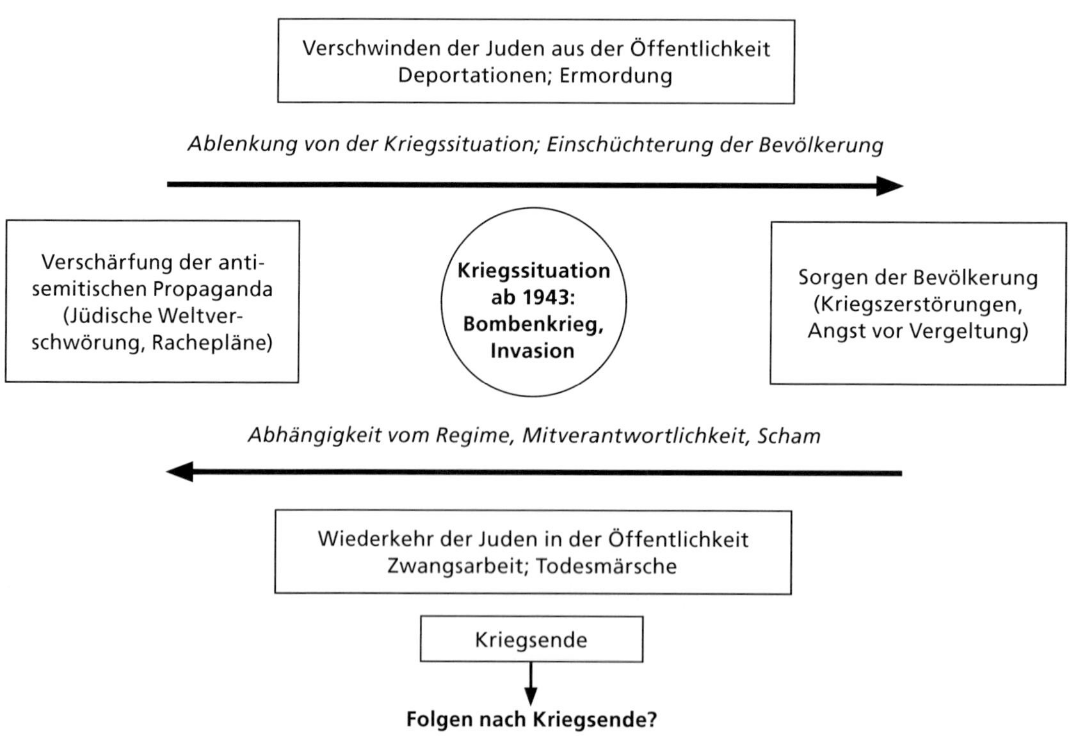

III. Die Bundesrepublik Deutschland 1949 bis 1965 – Erfolg der Demokratie durch „Wohlstand für alle“?

Zum Aufbau des Kapitels

Die Auftaktdoppelseite führt an das Thema heran und entwickelt die zentrale Fragestellung, bevor in sieben Kapiteln zentrale Aspekte beleuchtet werden, die für die Beantwortung notwendig sind. Zwar setzt das erste Kapitel chronologisch an, verlässt diese Argumentationslinie jedoch zugunsten einer thematischen Darstellung, um schließlich – zur chronologischen Darstellung zurückkehrend – das „Ende der Ära Adenauer“ zu behandeln.

Zur Auftaktseite (S. 68–69)

Die Auftaktdoppelseite besteht zum einen aus einem Foto, das die Fertigstellung des 1000000. VW Käfers zeigt. Auch wenn dieser Typ nicht mehr die zentrale Bedeutung wie damals hat, so ist die Automobilindustrie doch ein wichtiger Träger des bundesrepublikanischen Wirtschaftswunders und Ausdruck der Wohlstandsgesellschaft geworden. Dabei ist auch auf den KdF-Wagen hinzuweisen: Von der NS-Organisation „Kraft durch Freude“ geplant und von Ferdinand Porsche konstruiert, konnten Interessierte ab 1938 Sparmarken erwerben. Zu einer Auslieferung der Fahrzeuge kam es wegen des Zweiten Weltkrieges nicht mehr. Nach Kriegsende entstand jedoch in der inzwischen in Wolfsburg umbenannten „Stadt des KdF-Wagens“ einer der wichtigsten deutschen Automobilkonzerne. Mit dem nach seiner Form benannten Käfer begann das Zeitalter der Massenmobilisierung und des motorisieren Individualverkehrs in Deutschland.

Das zweite Element ist ein einführender Text, der die Spannungen und Widersprüche andeutet, die die 1950er-Jahre charakterisierten, und versucht eine erste Einordnung dieser Phase.

Anregungen zur Unterrichtsgestaltung

Um an das Thema heranzuführen, bietet es sich an, assoziativ zu arbeiten. So können die Schülerinnen und Schüler etwa mitmilfe des folgenden Blattes ihre spontanen Ideen äußern:

Bundesrepublik Deutschland – dazu fällt mir ein:

____

____

____

Aus den vorgelesenen Notizen lässt sich eine erste Strukturierung ableiten und auf einem Zeitstrahl (nach dem u. a. Muster) fixieren; dabei können nach folgendem Muster wichtige Ereignisse und Zäsuren (evtl. unter Verwendung der Zeittafel auf S. 245) verortet sowie die leitende Fragestellung diskutiert werden:

Überblick über die Geschichte der Bundesrepublik

Erfolg der Demokratie – Durch „Wohlstand für alle“?

1945	1949	1955	1963	1989	2009
Kriegsende	Staatsgründung		Mauerbau	Einigung	

1. Geglückte Demokratiegründung (S. 220–223, S. 246–247)

Zum Aufbau des Teilkapitels

Im Mittelpunkt steht die Entstehung der Bundesrepublik, wobei die Gründung selbst, die Entstehung der politischen Institutionen, das System der „Kanzlerdemokratie“ sowie die Verfassungsordnung näher beleuchtet werden.

Zu den Materialien

M 2 Die Karte vergegenwärtigt die Ausgangslage der doppelten Staatsgründung, etwa die Besatzungszonen und die besondere Stellung Berlins.

M 3 Das Wahlplakat zeigt das öffentlich präsentierte Bild Adenauers, wobei der Slogan „Keine Experimente“ als Reaktion auf die Erfolge Adenauers in den frühen 1950er-Jahren zu verstehen ist und zugleich auf das Phänomen der Kanzlerdemokratie und seine patriarchalisch-autoritäre Ausgestaltung durch den ersten Bundeskanzler hindeutet.

M 4 Das Schaubild vergegenwärtigt noch einmal den Staatsaufbau der Bundesrepublik, der den Schülerinnen und Schüler in seinen Grundzügen aus dem Vorjahr bereits bekannt sein dürfte.

M 26 M 27 Die beiden Texte stammen aus einer der ersten Bundestagssitzungen und sind der Regierungserklärung Adenauers und der Erwiderung Schumachers entnommen. Im Zentrum steht dabei, gleichsam als Nagelprobe für eine funktionierende Demokratie, die Rolle der parlamentarischen Opposition, die in Weimar zusehends nicht mehr funktionierte und im Nationalsozialismus gewaltsam ausgeschaltet wurde.

M 28 Die Wahlergebnisse der ersten fünf Bundestagswahlen umfassen die gesamte Ära Adenauer und bieten die nötigen Daten, um Veränderungen im Parteiensystem zu erarbeiten (z. B. Bedeutung der 5%-Klausel; Drei-Parteien-System; Volksparteien, Klientelparteien, Parteiverbote).

Zu den Aufgaben

1. Hier sind im Hinblick auf die angestrebte „wehrhafte Demokratie“ vor allem zu nennen:
   - Stärkung des Bundeskanzlers,
   - Schwächung des Präsidenten,
   - konstruktives Misstrauensvotum,
   - Verzicht auf Plebiszite,
   - Bundesverfassungsgericht,
   - Aufwertung der Parteien (Parteienprivileg und Parteienverbote),
   - Schutz der Grundrechte als Kern der Verfassung,
   - (Föderalismus).

2

a) Zu nennen sind u. a.:
   - Präsenz der Kriegsniederlage und der Kriegsfolgen,
   - Besatzungsherrschaft, dann eingeschränkte Souveränität,
   - Kalter Krieg,
   - DDR-Gründung als Konkurrenz.

b) und c) Die beiden Teilaufgaben sind unterschiedlich akzentuiert; eine Gegenüberstellung könnte so aussehen:

Adenauer	Schumacher
Große Fortschritte seit 1945 Eingeschränkte Souveränität Teilung Deutschlands Wirtschaftliche Erholung Schutz der persönlichen Freiheit	
• Opposition als Träger des Staats • Kampf zwischen Regierung und Opposition als Inbegriff der Demokratie • Einbindung der Opposition ins Parlament	• Opposition als Träger des Staats • Opposition als Interessenvertreterin der arbeitenden Bevölkerung • Eigenständigkeit der Opposition Verhinderung einer totalitären Regierung • Präsentation von Alternativen

3. a) und b) Eine Grafik macht die Tendenzen noch deutlicher:
   - Zunahme der Stimmen für die Union,
   - Stagnation, dann leichtes Anwachsen der Stimmen für die SPD,
   - Konstanz, aber leichtes Schwanken der Anzahl der Stimmen für die FDP,
   - Verschwinden von Klientelparteien,
   - Chancenlosigkeit extremer Parteien (Parteiverbot),
   - Verschwinden regionaler Parteien (Bayernpartei).

   c) S. Anm. zu M28.

   d) Die Stabilisierung erfolgte zögernd, dann aber nachhaltig, wurde von Parteiverboten begleitet und führte langfristig zu einer Erstarrung, die Ende der 1960er-Jahre zu innenpolitischen Konflikten führte.
4. Hinzuweisen ist zum einen auf die Verfassungsgrundlagen:
   - Richtlinienkompetenz,
   - Wahl durch den Bundestag,
   - Stärkung gegenüber dem Präsidenten,
   - Erschwerung des Kanzlersturzes durch konstruktives Misstrauensvotum.

   Zum anderen war auch die konkrete Ausgestaltung des Amtes durch Adenauer wichtig:
   - patriarchalisch-autoritäre Führung,
   - politische Erfahrung,
   - klare politische Botschaften.
5. Hier ist eine eigenständige Darstellung gefragt, die die Elemente des Darstellungstextes aufgreift. Zu erwähnen wären u. a.:
   - Verfassungsberatung und Verfassungsgebung,
   - Verfassungsordnung,
   - Wahlergebnisse,
   - Einrichtung politischer Institutionen,
   - politische Repräsentanten.
6. Hier bietet sich ein Schüler(kurz)referat an. Solide Informationen liefern z. B. die Bundeszentrale für politische Bildung (http://www.bpb.de/) und die Bayerische Landeszentrale für politische Bildungsarbeit (http://www.km.bayern.de/blz/).

Anregungen zur Unterrichtsgestaltung

Da vieles den Schülerinnen und Schülern nicht neu ist, bietet es sich an, das vorhandene Wissen im Unterrichtsgespräch zu reaktivieren und die maßgeblichen Aspekte in einer zusammenfassenden Darstellung zu visualisieren:

Die Gründung der Bundesrepublik Deutschland

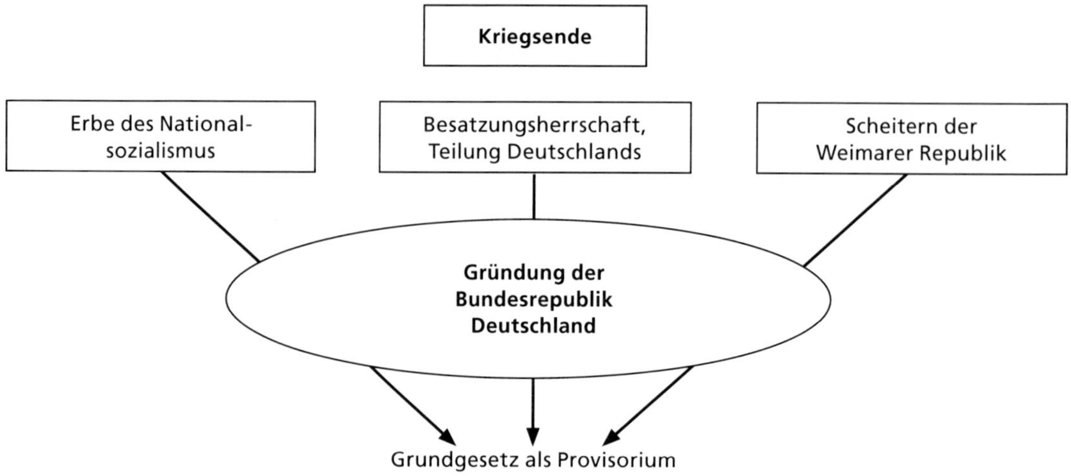

- repräsentative Funktion des Präsidenten
- Stärkung des Kanzlers
- konstruktives Misstrauensvotum
- Verzicht auf Plebiszite
- Schutz der Grundrechte
- Parteienprivileg

BEWÄHRUNG IN DER PRAXIS?

2. Deutschland als Sozialstaat (S. 223–225, S. 248–249)

Zum Aufbau des Teilkapitels

Als wichtiges Element der Stabilisierung thematisiert der Text den Ausbau des Sozialstaates, der seit dem ausgehenden 19. Jahrhundert in Deutschland vor allem als Sozialversicherungsstaat entstand. Dieser Politikbereich war angesichts der aktuellen Herausforderungen (Kriegszerstörungen, Flucht und Vertreibung) besonders wichtig.

Zu den Materialien

M 29 Die Karikatur zitiert den Vorgang der Denkmalsenthüllung und gewinnt ihren Witz aus der Enttäuschung der Erwartungen. Kommt die Darstellung der Festgesellschaft durchaus noch den Sehgewohnheiten entgegen, erweist sich die Figur auf skurrile Weise als zu klein proportioniert. Das Zeigen der leeren (Hosen-)Taschen und die abfallende Schrift bringen die nach Meinung des Karikaturisten ungenügende finanzielle Ausstattung unmittelbar zur Anschauung.

M 30 Die Sichtweise der Karikatur kann mithilfe der Statistik überprüft werden. Das 1949 verabschiedete Soforthilfegesetz, das zunächst nicht in der französischen Zone galt, sah in den anderen Ländern schnelle Hilfen für Notleidende vor. Das Lastenausgleichsgesetz von 1952 unternahm dann den Versuch einer umfassenden Regelung der Kriegsfolgeschäden. Der Vergleich der einzelnen Positionen verdeutlicht die unterschiedliche Ausrichtung der beiden Gesetze.

Bei den Zahlungen ist bemerkenswert, dass ein Großteil für Rentenzahlungen und Hausratentschädigungen aufgewendet wurde. Weiterhin ist die Bedeutung der Darlehen für Wohnungsbau nicht zu unterschätzen. Insgesamt handelt es sich trotz subjektiv empfundener Ungerechtigkeit um eine der großen sozialpolitischen Leistungen der frühen Bundesrepublik. Zum Vergleich: Der Bundeshaushalt 1952 umfasste gut 23 Mrd. DM.

Der einführende Text und die Statistik geben einen Einblick in Ausgangslage, Durchführung und Auswirkung der Rentenreform. Es zeigt sich in allen Bereichen ein deutlicher Zuwachs, der insbesondere angesichts der schlechten Ausgangslage, über die der Text anschaulich Auskunft gibt, beachtlich ist. M 31 M 32

Zu den Aufgaben

1. a) S. Erklärung auf S. 224 oben.
   b) Besonders aufschlussreich sind die Positionen:

Hauptentschädigung	11,3 %
Kriegsschadenrente	29,5 %
Wohnraumhilfe	11,5 %
Hausratentschädigung	17,5 %

   Die unmittelbar für die Behebung der Wohnungsnot gedachten Aufwendungen machten 22,4 % aus.
2. S. Anm. zu M29 und M30.
3. S. Text S. 224 oben.
4. a) Die durchschnittliche Monatsrente in der Arbeiterversicherung verzehnfachte sich zwischen 1950 und 1980, wobei in den ausgehenden 1950er- sowie in den beginnenden 1970er-Jahren die Renten sowohl absolut als auch prozentual am stärksten wuchsen. Die Angestelltenrenten entwickelten sich ähnlich.
   b) Die solide Lage der Rentenversicherung in den 1960er-Jahren (Anwachsen des Vermögens) veränderte sich bereits seit den 1970er-Jahren aufgrund des steigenden Rentenbestands, dem kein gleichförmiger Zuwachs der Versicherungszahler gegenüberstand. Aktuelle Zahlen finden sich im Internet z. B. unter: http://www.sozialpolitik-aktuell.de/.
5. Gefragt ist hier eine abwägende Meinungsbildung der Schülerinnen und Schüler. Zu nennen sind hier auf alle Fälle die beiden großen sozialpolitischen Maßnahmen (Lastenausgleich und Rentenreform).

Anregungen zur Unterrichtsgestaltung

Sinnvollerweise lässt sich an die aktuelle Situation des bundesdeutschen Sozialstaats anknüpfen. Die einzelnen Elemente des Sozialstaats und ihre Geschichte können dann von den Schülerinnen und Schülern in kurzen Unterrichtsbeiträgen präsentiert werden. Um die Bedeutung der 1950er-Jahre hinlänglich deutlich zu machen, müssen zumindest die Themen „Kindergeld“, „Rentenversicherung“ und „Lastenausgleich“ vergeben werden. Weiterhin können auch die „Krankenversicherung“, die „Arbeitslosenversicherung“ u. a. untersucht werden. Um die Ergebnisse zu sichern, bietet sich eine Zusammenstellung an der Tafel an, in der Traditionen und Neuansätze deutlich werden; Erweiterungen sind denkbar:

Der Ausbau des Sozialstaats in den 1950er Jahren

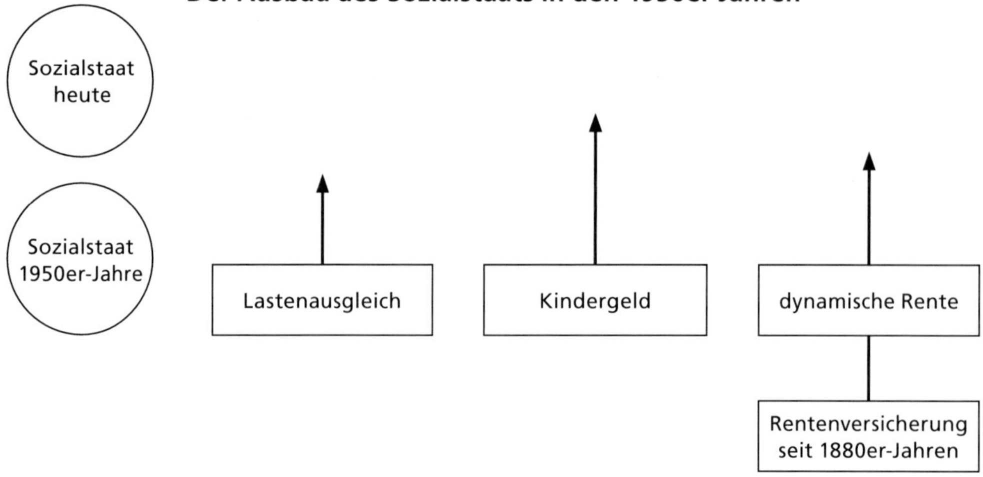

3. Die Schatten der NS-Vergangenheit (S. 225–227, S. 250–251)

Zum Aufbau des Teilkapitels

In diesem Abschnitt wird ein Überblick über die sogenannte Vergangenheitsbewältigung in der Bundesrepublik gegeben. Wichtig ist dabei die Zäsur Ende der 1950er-Jahre, die die Zeit des „Beschweigens" endgültig beendete.

Zu den Materialien

M 5 Die Schändung der neu eröffneten Kölner Synagoge Weihnachten 1959 führte zu einer heftigen Diskussion im Parlament und in der Öffentlichkeit, zumal die Tat eine Reihe von Nachahmern gefunden hatte. Zusammen mit anderen Ereignissen markiert dies einen Einschnitt in der Auseinandersetzung mit der NS-Vergangenheit.

M 6 Das Plakat zeigt, dass in den 1960er-Jahren der Widerstand gegen den neu aufkommenden Rechtsradikalismus, der in Wahlerfolgen der NPD zum Ausdruck kam, deutlich gewachsen war.

M 33 Die Rede von Theodor Heuss anlässlich der Eröffnung der KZ-Gedenkstätte in Bergen-Belsen hatte, da sie vom höchsten Repräsentanten des neuen Staates gehalten wurde, programmatischen Charakter. Heuss mahnte nicht nur eine Haltung der „Kollektivscham" an, so eine ursprünglich 1949 verwendete und oft wiederholte Formulierung von ihm, sondern er bekennt sich im hier abgedruckten Auszug auch und vor allem dazu, vom Judenmord der Nationalsozialisten gewusst zu haben. Die im Brief vorgebrachten Einwände eines Bürgers weist er ungewöhnlich scharf zurück.

M 34 Ebenso programmatischen Charakter wie die Rede von Heuss hat der Artikel von Martin Walser im ersten Kursbuch, der sich mit dem Auschwitzprozess auseinandersetzt. Deutlich weist Walser insbesondere auf die breite öffentliche Resonanz auf den Prozess hin und stellt die Frage nach der Verantwortung jedes Einzelnen.

Zu den Aufgaben

1. S. Text, S. 226. Wichtig ist es darauf hinzuweisen, dass dieser Begriff verschiedene Formen der Auseinandersetzung mit der nationalsozialistischen Vergangenheit umfasst und dass er wegen des Wortes „Bewältigung" die Möglichkeit einer vollständigen Bereinigung nahelegt.

2. a) Zentrale Aussagen sind:
   - Bekenntnis zu der Grausamkeit der Verbrechen (Z. 1–8),
   - persönliches Bekenntnis: Kenntnis von Bergen-Belsen erst bei Kriegsende (Z. 9–15),
   - persönliche Erfahrung: Informationen über KZs und die Zustände dort (Z. 16–29),
   - Feststellung: Wissen von den NS-Verbrechen (Z. 30–44).

   b) Der Brief formuliert genau die Position des Nicht-Wissen-Wollens, die Heuss kritisiert; gewählt werden dazu besonders abgelegene Beispiele.
   c) Soll diese Aufgabe bearbeitet werden, bietet es sich an, mit Kopien der Texte zu arbeiten, um nicht zu viel vorwegzunehmen.

3. Die Bedeutung des Eichmann-Prozesses liegt in Folgendem:
   - großer NS-Prozess nach längerer Zeit,
   - dramatische Umstände des Prozesses (Entführung Eichmanns, Prozess in Israel, Todesstrafe),
   - Konzentration auf den biederen „Schreibtischtäter" Eichmann, der dem Bild des sadistischen und brutalen Mörders widerspricht. Hannah Arendt sprach in diesem Zusammenhang von der „Banalität des Bösen".

4. a) Eine Ausstellung des Fritz-Bauer-Instituts, Frankfurt über den Prozess aus dem Jahr 2004 ist dokumentiert unter http://www.fritz-bauer-institut.de/auschwitz-prozess.htm.
   b) Mögliche Thesen:
   (1) Die Wirkung des Prozesses reicht weit über den Gerichtssaal hinaus und lässt bei den Deutschen ein anschauliches Bild vom damaligen Geschehen im Vernichtungslager Auschwitz entstehen.
   (2) Wegen der Ungeheuerlichkeit der Vorgänge, wegen des absoluten Ausgeliefertseins der Häftlinge werden Begriffe gebraucht, die die historisch-politische Dimension verschleiern. Festzuhalten ist demgegenüber, dass Auschwitz ein „deutsches Konzentrationslager" war.
   (3) Auch wenn man selbst nicht als Täter betroffen ist, muss man sich als Deutscher mit der Frage der Verantwortung auseinandersetzen.
   c) Diese Aufgabe erfordert eine begründete persönliche Stellungnahme.

5. Ausgangspunkt der Argumentation, die dann individuell gestaltet sein kann, ist der Hinweis auf die Authentizität des Ortes bei KZ-Gedenkstätten.

Anregungen zur Unterrichtsgestaltung

Hier lässt sich mit handlungsorientierten Formen arbeiten: So bietet sich eine Podiumsdiskussion zum Thema an. Die Ausgangsfrage kann allgemein formuliert sein oder auf einem aktuellen Anlass basieren. Zur Vorbereitung ist eine Stoffsammlung auf der Grundlage des Buches hilfreich. Dabei könnten folgende Aspekte eine Rolle spielen:

Pro	Contra
• Auschwitz-Prozess und andere Prozesse, Aufhebung der Verjährung • Wiedergutmachung an Israel und den Juden • Reden von Bundespräsident Theodor Heuss; Thematisierung in Kunst und Literatur • Bewährungschance für Täter • Errichtung von Gedenkstätten und Denkmälern • …	• nachlässige und sehr späte Strafverfolgung • finanzielle Abgeltung statt moralischer Auseinandersetzung • Verschweigen und Rechtfertigung in der Öffentlichkeit • unzureichende personelle Säuberungen • sehr späte Errichtung • …

4. Das „goldene Zeitalter" der Wirtschaft (S. 227–233, S. 252–253)

Zum Aufbau des Teilkapitels

Dieses Teilkapitel steht im Zentrum des gesamten Kapitels, da hier die wirtschaftliche und gesellschaftliche Entwicklung und deren Einfluss auf die Stabilisierung der Bundesrepublik ausführlich dargestellt wird. Neben dem „Wirtschaftswunder" stehen hier, wie sich aus den Marginalien erschließen lässt, eine Reihe weiterer Themen im Mittelpunkt.

Zu den Materialien

M 7 Ludwig Erhard (1897–1977) kann als Personifizierung des „Wirtschaftswunders" gelten. Dazu trug der zum Schlagwort gewordene Titel seines Buches ebenso bei wie seine wohlbeleibte Figur und die obligatorische Zigarre, die den wirtschaftlichen Aufschwung im Wortsinn verkörperten. Der gelernte Kaufmann war nach der Pleite des elterlichen Betriebs in der Weltwirtschaftskrise wissenschaftlich tätig. Nach dem Weltkrieg bestimmte er als zunächst parteiloser Wirtschaftsfachmann den Wiederaufbau Deutschlands wesentlich mit.

M 8 Die Karikatur illustriert die sogenannte Doppelbelastung berufstätiger Frauen. Während das Balancieren auf dem Seil die missliche Situation veranschaulicht, schwingt in der adretten Freundlichkeit der „Artistin" die Bewunderung des Zeichners für die besondere Leistung mit.

M 9 Das Foto illustriert die seit den 1960er-Jahren einsetzende Arbeitsmigration.

M 10 M 11 Die Fünf-Tage-Woche war im Rahmen der allgemeinen Arbeitszeitverkürzung ein wichtiger Markstein. Bemerkenswert ist dabei, dass der DGB auf seinem Plakat besonders wirkungsvoll mit den Wünschen der Kinder argumentiert. Die Karikatur persifliert die Vielzahl der Ansprüche – den „Freizeitstress" –, mit denen die Väter, die am Wochenende nun nicht mehr arbeiten mussten, konfrontiert waren. Zusammen mit M8 kann damit ein Zugang zur Betrachtung des Geschlechterverhältnisses in den 1950er-Jahren eröffnet werden.

M 12 Die Coca-Cola-Werbung ist aufschlussreich, da sie verschiedene Aspekte der Konsumgesellschaft vereinigt:

- professionelle Werbung als Bestandteil des Wirtschaftslebens (Slogan, Foto),
- Amerikanisierung des Warenangebots,
- Kombination mit anderen Konsumgütern (Auto, Kleidung, Mode),
- Ausbildung einer Jugendkultur: Jugendliche und junge Erwachsene als Zielgruppe.

Coca-Cola wurde 1886 erstmals verkauft und trat dann schnell seinen Siegeszug in den USA an; es gilt als das amerikanische Getränk schlechthin.

Die Wirtschaftsdaten bieten eine Fülle von Informationen zum „Wirtschaftswunder" und ermöglichen so, die tatsächliche Entwicklung näher zu beschreiben und den Mythos („Wunder") des Aufschwungs zu hinterfragen. Einerseits ist eine kontinuierliche Aufwärtsbewegung vor allem beim Wirtschaftswachstum (Bruttosozialprodukt), der Produktion, bei den Löhnen und beim privaten Verbrauch feststellbar. Andererseits blieb die Arbeitslosenquote und auch die Inflationsrate (etwa 1951) hoch. Insgesamt lässt sich ein beachtlicher, aber nicht exorbitanter Aufschwung konstatieren. Zugleich wird die Einbindung der Bundesrepublik in die Weltwirtschaft durch die Import- und Exportzahlen verdeutlicht. (Um die Arbeit mit Statistiken und insbesondere die gezielte Auswahl einschlägiger Daten zu üben, wurde eine komplexere Übersicht ausgewählt, die zudem eigenständige Recherchen erlaubt.) M 35

Schülerinnen und Schüler können die wirtschaftswissenschaftlichen Begriffe gut auf der Seite der Bundeszentrale für politische Bildung (http://www.bpb.de/) unter Zuhilfenahme der Suchfunktion recherchieren.

Der programmatische Text von Ludwig Erhard aus dem Jahr 1953, der im regierungsamtlichen „Bulletin" veröffentlicht wurde, formuliert in Reinform das Konzept der sozialen Marktwirtschaft. M 36

Zu den Aufgaben

1. S. 227 f., 231 f.
2. S. Anm. zu M 35.
3. Diese schwer exakt zu beantwortende Frage erfordert eine Abwägung verschiedener Faktoren. Die Entwicklung der Löhne, des privaten Verbrauchs, des Preisindex, auch der Arbeitslosigkeit deuten auf einen Übergang Ende der 1950er-Jahre hin; der Text sieht den „endgültigen und kraftvollen Durchbruch" in den 1960er-Jahren (S. 232).
4. Im Mittelpunkt der Ausführungen Erhards steht die Abgrenzung zur Planwirtschaft. Er weist die Kritik an der Marktwirtschaft als unternehmerfreundlich und sozial unausgewogen zurück und betont den über den Markt geregelten Leistungswettbewerb als Garant für eine florierende Wirtschaft. Die Verhinderung der Ansammlung „arbeitsloser Renten und Pfründe" – wobei nicht gesagt wird, wie dies geschehen könne – gewährleiste seiner Meinung nach soziale Ausgewogenheit.
5. Je nach gewähltem Lexikoneintrag wird es unterschiedliche Ergebnisse geben, die im Einzelnen zu diskutieren sind. Wichtig bei der Abwägung ist:
   - Entstehung des Kapitalismusbegriffes im 19. Jh. im Kontext des Marxismus, aber Verwendung über das sozialistische Milieu hinaus (Max Weber u. a.),
   - Grundforderungen des Wirtschaftsliberalismus (Adam Smith): Privateigentum an Produktionsmitteln, Zurückhaltung des Staates und der freie Markt als zentrales Regulativ der Wirtschaft,
   - Weiterentwicklungen des Wirtschaftsliberalismus, Veränderungen des Wirtschaftslebens und die Entstehung des Interventionsstaates ermöglichen unterschiedliche Antworten auf die Frage.

Anregungen zur Unterrichtsgestaltung

Wichtig erscheint es zum einen, das Phänomen selbst genau zu beschreiben und zum anderen, die Ursachen zusammenzustellen, um die bemerkenswerte wirtschaftliche Entwicklung erklären und den irreführenden Gebrauch des Begriffs „Wunder" zu verdeutlichen. Dies kann durch eine genaue Lektüre des Textes (S. 227 f.) geschehen. Dabei ergibt sich dann folgende Übersicht. Notiert man die einzelnen Faktoren auf Blätter, kann eine geeignete grafische Darstellung im Unterricht erarbeitet werden:

Gab es ein „Wirtschaftswunder"?

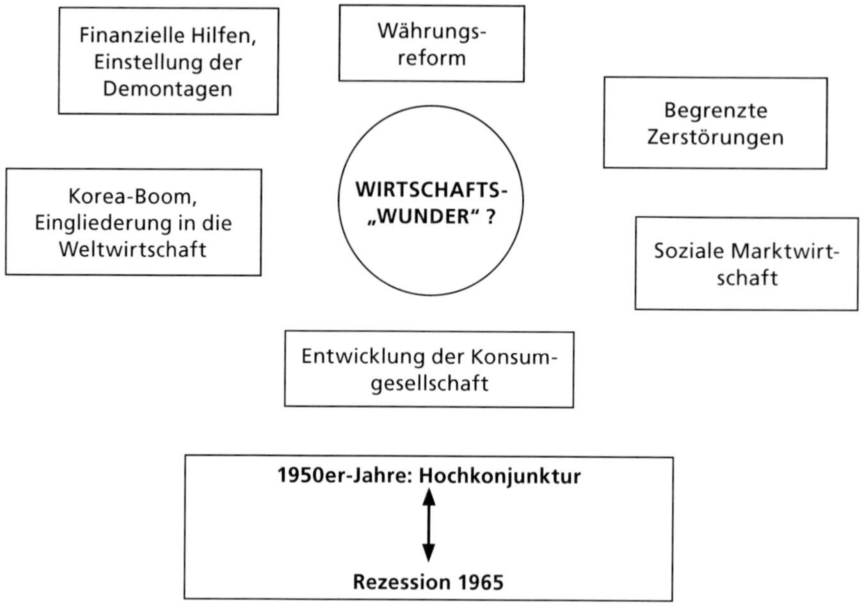

5. Eingliederung in den Westen (S. 233–237, S. 254–255)

Zum Aufbau des Teilkapitels

Neben der politischen Integration der Bundesrepublik in den Westen wird in diesem Abschnitt auch auf die deutsche Teilung und auf die deutsch-französischen Beziehungen eingegangen.

Zu den Materialien

M 13 Das Foto zeigt die Unterzeichnung der Römischen Verträge – trotz vorangegangener Vereinbarungen die Geburtsstunde der heutigen EU.

M 14 Die Karikatur beleuchtet einen zentralen Zusammenhang: die Gewährung staatlicher Souveränität als Gegenleistung für die Beteiligung am westlichen Verteidigungsbündnis der NATO. Der deutsche Michel ist nur notdürftig mit den Lumpen des Besatzungsstatuts bedeckt und hat Aussicht auf neue Kleidung, die er jedoch nur als Uniform bekommt.

M 15 Das gegen die SPD gerichtete Wahlplakat veranschaulicht den weitverbreiteten und aggressiven Antikommunismus in den 1950er-Jahren. Zum einen werden alle sozialistisch inspirierten Wirtschafts- und Gesellschaftsreformen kritisiert und als förderlich für den Sowjetkommunismus dargstellt. Zum anderen werden Versuche, der Westintegration ein Konzept der Neutralität mit der Perspektive einer deutschen Vereinigung entgegenzustellen, polemisch abgelehnt. Bezugspunkt sind einschlägige Forderungen im Programm der Sozialdemokraten, die sich erst mit dem Godesberger Programm 1959 eindeutig zur Marktwirtschaft und zur Westintegration bekannten.

M 16 Während des Besuchs Adenauers in Moskau, den dieses Foto zeigt, erreichte er die Freilassung der letzten Kriegsgefangenen.

Die Geste der beiden Staatsmänner illustriert das Bemühen, nach jahrzehntelanger „Erbfeindschaft“ ein freundschaftliches Verhältnis zu pflegen. M 17

Die Karikatur illustriert mit verschiedenen Elementen die Auseinanderentwicklung der beiden deutschen Staaten: wachsende Mauer, zusehends abweisende Körpersprache, Lockerung der Verwandtschaftsverhältnisse („Bruder“ – „Vetter“ – „Verwandter“). Zugleich wird die Prägung der politischen Einstellung und der Lebensweise durch die jeweilige Führungsmacht in der Kleidung, insbesondere der Mütze, deutlich. Entscheidend für das richtige Verständnis der Karikatur ist die Beachtung der Entstehungszeit: Der Zeichner entwirft im Jahr 1949 (!) eine Prognose der weiteren Entwicklung, was die schematisch gewählten Jahreszahlen (1945 – 1955 – 1965) erklärt. M 37

In dem aufsehenerregenden Interview bestreitet Karl Jaspers – ein Jahr vor dem Mauerbau – entgegen den offiziellen Verlautbarungen und in Widerspruch zur herrschenden öffentlichen Meinung die Möglichkeit einer Vereinigung der beiden deutschen Staaten. Demgegenüber fordert Jaspers, sich dafür einzusetzen, dass die DDR-Bürger mehr Freiheit erhalten. M 36

Aus dem Vertrag lässt sich die Beschränkung der Zusammenarbeit auf wirtschaftliche Fragen herauslesen; insbesondere die Schaffung eines gemeinsamen Marktes wird angestrebt, ohne schon eine politische Integration anzustreben. M 39

Die Karikatur kritisiert kurz nach der Gründung der EWG (1958) den geringen Fortschritt der europäischen Einigung. Der Anspruch, mit einem stolzen Dampfer unterwegs zu sein, kontrastiert mit den beiden nur knapp ins Wasser reichenden Rudern „EURATOM“ und „EWG“, den geringen Tiefgang und der sich übergebenden Katze. Die auf der Kommandobrücke stehenden europäischen Staatsmänner scheinen davon nichts mitzubekommen. M 40

Zu den Aufgaben

1. Zu unterscheiden sind die europäische Integration i. e. S. und die Eingliederung in den Westen i. w. S.:

Europäische Integration	**Eingliederung in den Westen**
1950	Schumann-Plan
1952	EGKS
1954	EVG gescheitert
1955	Pariser Verträge (NATO-Beitritt)
1957	EWG

2. Wichtige Stationen:
   1949 Doppelte Staatsgründung
   1953 Aufstand in der DDR
   1955 Integration in die jeweilige Machtblöcke
   1961 Mauerbau.
   Aus der doppelten Staatsgründung wurde vor dem Hintergrund des Kalten Krieges und angesichts der Abschottung der DDR eine spannungsreiche Teilung.
3. S. Anm. zu M38.
   a) und b) Wichtige Punkte:
   - illusionäre Orientierung am Kaiserreich,
   - Unfähigkeit, die Realitäten nach Kriegsende anzuerkennen,
   - Verweigerung, die fatale Rolle Deutschlands bei diesen Veränderungen zu akzeptieren,
   - Primat der Forderung nach Freiheit der DDR-Bürger gegenüber der Forderung nach nationaler Wiedervereinigung.

c) Die Forderung nach Wiedervereinigung war zentraler Bestandteil des Selbstverständnisses des westdeutschen Staates, der sich in der Tradition des untergegangenen Nationalstaates und in scharfer Abgrenzung zur DDR definierte; die Ablehnung musste entsprechende Reaktionen provozieren.

4. S. Anm. zu M37 und M38: Die prognostisch konzipierte Karikatur blendet den historischen Hintergrund (Reichsgründung) aus und konzentriert sich auf die zwischenmenschlichen Kontakte zwischen Bundes- und DDR-Bürgern. Die fehlenden Freiheitsrechte im Osten werden nicht thematisiert.
5. S. Anm. zu M39.
6. S. Anm. zu M40.
7. Der Vergleich ergibt:
   - stetiges Anwachsen der Mitgliedszahl weit über den ursprünglichen europäischen Kernraum hinaus,
   - fortschreitende politische Integration mit dem Anspruch einer europäischen Super-Regierung jenseits der Nationalstaaten,
   - Ausbildung eines politischen Institutionengefüges (Parlament) und Ausarbeitung einer eigenen Verfassung.

Anregungen zur Unterrichtsgestaltung

Es bietet sich an, zunächst mithilfe der entsprechenden Materialien die Grundproblematik der deutschen Politik darzustellen: die Spannung zwischen Einheit und Freiheit, zwischen der deutschen Einigung und der Integration in den Westen. Dann können wichtige Stationen aus dem Kurs heraus in vorbereiteten Unterrichtsbeiträgen vorgestellt werden. Das Ergebnis lässt sich in einer Tafeldarstellung zusammenfassen:

Freiheit statt Einheit? – Die Integration der Bundesrepublik in den Westen

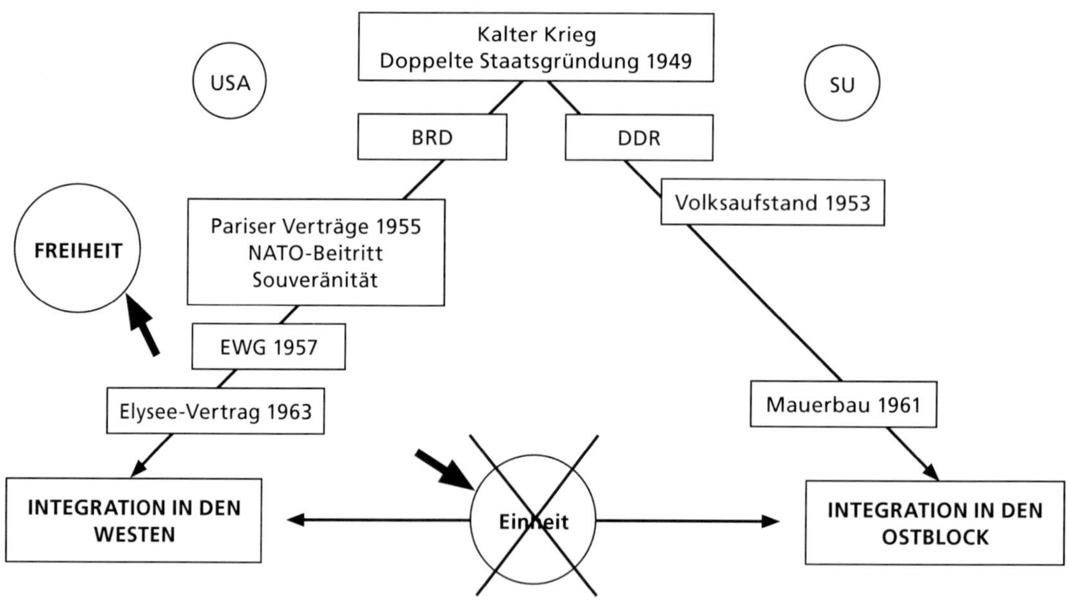

6. Die kulturelle Entwicklung (S. 238–243, S. 256–257)

Zum Aufbau des Teilkapitels

Dieser Abschnitt versucht in einem Panorama das kulturelle Leben der 1950er-Jahre zu vermitteln und charakterisiert prägende Stile und Tendenzen in verschiedenen Lebensbereichen von der Alltagskultur der Jugendlichen bis hin zu avantgardistischen Tendenzen in der Bildenden Kunst.

Zu den Materialien

Der Filmschauspieler James Dean war insbesondere für Jugendliche eine Kultfigur der 1950er-Jahre, die auf seinen Rollen als unangepasster, rebellischer Einzelgänger beruhten. Seine exzessive Lebensweise und sein früher Unfalltod beförderten seinen Mythos. M 18

Die Filmschauspielerin Romy Schneider (1938–1982) wurde durch ihre Rolle als Sissi in der gleichnamigen Trilogie zum Star in Deutschland. Sie stellt in gewisser Weise das Gegenbild zu James Dean dar. Gegen das von den Sissi-Filmen transportierte Image wehrte sich Schneider zeit ihres Lebens. M 19

Bill Haley, von der Country-Musik kommend, gilt als einer der ersten weißen Musiker des Rock 'n' Roll. Seine Europatournee 1958 war von Auftrittsverboten in Spanien, exzessiven Zuschauerreaktionen während der Konzerte und auch gewalttätigen Auseinandersetzungen begleitet. M 20

Willi Baumeister (1889–1955), der sich bereits in den 1920er-Jahren internationales Renommee erwarb, gilt als einer der Begründer der gegenstandlosen Malerei in Deutschland. 1933 verlor er seine Professur und konnte nach der „inneren Emigration“ während des Nationalsozialismus in den 1950er-Jahren an seine Erfolge zum Teil wieder anknüpfen. M 21
Die Montaru-Serie, die in den 1950er-Jahren entstand, stellt ein schwarzes Loch in den Mittelpunkt der Bilder. Die Titel der Bilder sind frei erfunden und versuchen den visuellen Eindruck lautlich zu untermalen (dunkler U-Ton), da es Baumeister nicht um die Darstellung eines sichtbaren Gegenstands, sondern der verborgenen Triebkräfte menschlichen Lebens ging. Seine programmatische Schrift trug dementsprechend den Titel „Das Unbekannte in der Kunst“ (1947).

Das von Günter Grass selbst gestaltete Titelbild zu seinem Roman „Die Blechtrommel“ verweist auf einen der ersten internationalen Erfolge eines deutschen Schriftstellers nach dem Zweiten Weltkrieg. Der Erzähler Oskar Matzerath erlebt aus der Narren-Perspektive die Verwerfungen deutscher Geschichte im 20. Jahrhundert. M 22

Das Foto der als Reformuniversität gegründeten Ruhruniversität in Bochum verweist auf die in den 1960er-Jahren einsetzende Bildungsexpansion. M 23

Das Kinoplakat zu Deans vielleicht berühmtestem Film vereinigt viele Elemente, durch die sich vor allem Jugendliche und junge Erwachsene angesprochen fühlten, deren familiäres, schulisches, berufliches und öffentliches Leben in den 1959er-Jahren eng reglementiert war: lässige Haltung, familiäre Konflikte, Selbstbehauptung gegenüber Altersgenossen, Liebesbeziehung (vgl. Anm. zu M18). In „Rebel without a Cause“ gerät der aus einem wohlbehüteten Hause stammende, aber mit seiner Familie in Zwietracht lebenden Jim Stark auf seiner neuen Schule in Konflikt mit dem Anführer einer Jugendbande. Die Rivalität um die attraktive Judy M 41

(Natalie Wood) und ein tödlich endendes Wettrennen führen zur Eskalation der Situation. Das Eingreifen der Polizei führt schließlich zum Tod von Jim.

M 42 Die Erinnerungen von Udo Lindenberg an seine Erfahrungen mit Elvis Presley veranschaulichen die Gefühle deutscher Jugendlicher gegenüber den amerikanischen Idolen des Rock 'n' Roll. Der epochale Wandel des Musikgeschmacks – das Verblassen deutscher Volkslieder, die Ablehnung deutscher Schlager und die Adaption angloamerikanischer Musikstile – lässt sich gut aus dem Text entnehmen.

M 43 Anstandsbücher sind eine weithin wenig beachtete Quelle, die jedoch für die Erschließung der Alltagskultur sehr ergiebig sind. Allerdings ist dabei zu bedenken, dass es sich nicht um Beschreibungen des tatsächlichen Verhaltens, sondern um normative Vorgaben handelt, in denen nicht der Ist-, sondern ein Soll-Zustand formuliert wird. Gleichwohl ergeben sich interessante Einblicke, etwa wie in diesem Fall in die Bedeutung des Essengehens und das erwünschte Verhalten im Lokal.

Zu den Aufgaben

1. Zu nennen wären:
   - restaurative und avantgardistische Tendenzen,
   - amerikanische Einflüsse,
   - Bedeutung des Kinos mit verschiedenen Genres,
   - neue Musikrichtungen, insbesondere Rock 'n' Roll,
   - eigenständige Jugendkultur mit „Halbstarken“,
   - Neuorganisation der Kunstszene (Rückkehr von Emigranten),
   - experimentelle Musik,
   - gegenstandslose Malerei,
   - gesellschaftskritische Literatur.
2. S. Anm. zu M18, M41.
3. Lindenberg erwähnt:
   - Entdeckung einer neuen Musikrichtung (Z. 1 ff., 47 ff.),
   - beglückende Kinoerfahrungen (Z. 16 ff.),
   - erotische Attraktivität (Z. 24 ff.),
   - identitätsstiftende Identifikationsfigur (Z. 24 ff.),
   - Entwicklung eines eigenen Lebensstils in Abgrenzung zu den Erwachsenen (Z. 39 ff.).
4. a) Auffallend ist das patriarchalische Verhalten des Mannes, dem sich die Frau unterordnet bzw. unterzuordnen hat. Dieses ist ebenso zuvorkommend wie dominant:
   - bester Platz für die Dame (Z. 2 ff.),
   - Zurechtrücken des Stuhls (Z. 6 ff.),
   - Aufstehen des Mannes (Z. 9 ff.),
   - Auswahl der Getränke (Z. 32 ff.),
   - Einladung durch den Mann (Z. 45 ff.).

   b) Insgesamt kann eine Lockerung der Sitten festgestellt werden, wobei dies unterschiedlich gewertet werden kann.

   c) S. Anm. zu M43.

Anregungen zur Unterrichtsgestaltung

Um die vielen Facetten der Kultur der 1950er-Jahre zu veranschaulichen, können die Schülerinnen und Schülerw eine kleine Ausstellung vorbreiten, indem sie sich alleine oder in kleinen

Gruppen ein charakteristisches Exponat (Foto, Plakat, Gegenstand) wählen. Ausgangspunkt können dabei die Materialien im Schulbuch sein.

Interessantes Material bieten auch einschlägige Internetseiten, etwas des Deutschen Historischen Museums (http://www.dhm.de/lemo/home.html) oder des Hauses der bayerischen Geschichte (http://www.hdbg.de/basis/index.php). Auf einem Blatt im Format DIN-A-3 wird dieses Exponat präsentiert und erläutert. Eine gemeinsamer „Besuch" der Ausstellung bildet die Grundlage für das Gespräch über die Kultur der 1950er-Jahre.

7. Das Ende der Ära Adenauer (S. 242–243, S. 258–259)

Zum Aufbau des Teilkapitels

Da die Zäsuren in der Geschichte der Bundesrepublik nicht eindeutig gesetzt werden können und auch unter Historikern umstritten sind, bietet der letzte Abschnitt eine Abrundung der Geschichte der 1950er-Jahre, die um das Ende der Ära Adenauer 1963 (Adenauer stirbt 1967) kreist und einen Ausblick auf die weitere Entwicklung gibt.

Zu den Materialien

Die Karikatur nimmt Bezug auf die Spiegel-Affäre: Zu sehen ist im Vordergrund Franz-Josef Strauß, der voller Befriedigung der Verhaftung von Rudolf Augstein (mit Brille) und Conrad Ahlers zusieht. Die Darstellung von Strauß und der Polizisten mit Hüten und langen dunklen Mänteln mit hochgeschlagenen Krägen zitiert die bildliche Darstellung zwielichtiger Ordnungshüter etwa in Gangsterfilmen und weckt Erinnerungen an das Erscheinungsbild der Gestapo im Nationalsozialismus. Dieser Eindruck wird durch die Schutzlosigkeit der Verhafteten verstärkt. M 24

Das endgültige Ende der Ära Adenauer markieren die Bildung der Großen Koalition 1966 und der „Machtwechsel" 1969. Die bislang auf die Rolle der Opposition festgelegten Sozialdemokraten übernehmen nun wichtige politische Ämter, wie z. B. Willy Brandt das Außenministerium. M 25

Die beiden Texte resümieren die Ära Adenauer aus unterschiedlicher Perspektive: Dem Rückblick Adenauers bei seinem Abschied im Bundestag steht eine Beurteilung des Sozialdemokraten Günter Markscheffel gegenüber. Markscheffel (1908–1990) leitete damals als Chefredakteur den Sozialdemokratischen Pressedienst und publizierte seine Einschätzung auch in dieser Funktion. M 44

Die Karikatur zitiert den Wahlslogan der CDU für die Bundestagswahl 1957 (vgl. M3) und zeigt den durch Konsum (VW-Käfer als Kinderwagen, Fernseher, Kühlschrank, Geldsack) ruhig gestellten Michel, den die Kinderschwester Adenauer beliebig lenken kann. Die Kritik am entpolitisierten Konsum steht im Mittelpunkt, wobei offen bleibt, ob die Schuld daran beim infantilisierten Bundesbürger oder beim fürsorglich-dominanten Adenauer liegt. M 45

Die zweite Karikatur desselben Zeichners zum Abschied Adenauers zeigt einen wohlgenährten Bundesbürger (mit Michel-Mütze, Anzug, Zigarette mit Mundstück und Auto im Hintergrund), der Adenauer ein prunkvoll gerahmtes Gemälde eines Hunger leidenden und zerlumpten Deutschen aus dem Jahr 1945 überreichen will. Die Zurückweisung durch Adenauer lässt sich so verstehen, dass er den Deutschen die Erinnerung an den schwierigen Beginn nicht ersparen will, damit sie den inzwischen erreichten Fortschritt nicht als selbstverständlich betrachten. M 46

M 47 Die Meinungsumfrage zeigt eindringlich, dass die Bevölkerung im Lauf der 1950er-Jahre in der Bundesrepublik angekommen ist, sprich: die gegenwärtige Situation zusehends positiver einschätzt und dass der sehnsuchtsvolle Blick in die Vergangenheit verblasst. Während zu Beginn der 1950er-Jahre das Kaiserreich und die Vorkriegsjahre des Nationalsozialismus besondere Wertschätzung genossen, bevorzugen zu Beginn der 1960er-Jahre fast zwei Drittel der Befragten die Ordnung der Bundesrepublik. Eine genauere Aufgliederung der Befragten zeigt, dass die Älteren, die besser Gebildeten und die FDP/DVP-Anhänger nach wie vor am Kaiserreich hingen, es aber vor allem bei den 45–59-Jährigen und wiederum bei den FDP/DVP-Anhängern starke Präferenzen für die Vorkriegsjahre des Nationalsozialismus gab.

Zu den Aufgaben

1. S. S. 243 u. Anm. zu M25.
2. a) Adenauer zieht eine positive Bilanz seiner Regierungsjahre:
- Zusammenarbeit von Regierung und Volk (Z. 1–10),
- Stolz auf die Leistung der Deutschen (Z. 10–19),
- internationale Anerkennung der BRD (Z. 15–19, 23 ff.),
- Fortbestehen der deutschen Teilung, aber Hoffnung auf Wiedervereinigung (Z. 20–24, 30 ff.)
- Integration in den Westen (Z. 29 ff.).

   b) Markscheffel setzt bei der Beurteilung der Leistungen Adenauers kritische Akzente und hofft auf positive Veränderungen nach dem Rücktritt des Bundeskanzlers:
- Unzureichende Infrastruktur (Bildungseinrichtungen, Straßen) (Z. 16 ff.),
- Soziale Not der Alten und der Kriegsopfer sowie unzureichende Gesundheitspolitik (Z. 24 ff.),
- fehlende innere Liberalität (Z. 33 ff.),
- Fortdauer der deutschen Teilung (Z. 44 ff.).

3. S. Anm. zu M45 und M46.
4. S. Anm. zu M47.

Anregungen zur Unterrichtsgestaltung

Zum Abschluss der Sequenz sollte noch einmal zusammenfassend die Ausgangsfrage betrachtet und beantwortet werden. Die einzelnen, auf Blättern fixierten Aspekte nehmen die Einteilung des Kapitels noch einmal auf (Ergänzungen wie z. B. „Feindbild DDR“ sind möglich und erwünscht). Im Unterrichtsgespräch kann der jeweilige Einfluss reflektiert und in einer grafischen Darstellung visualisiert werden. Eine mögliche Anordnung könnte dabei so aussehen:

Was war das „Erfolgsrezept“ der Bundesrepublik?

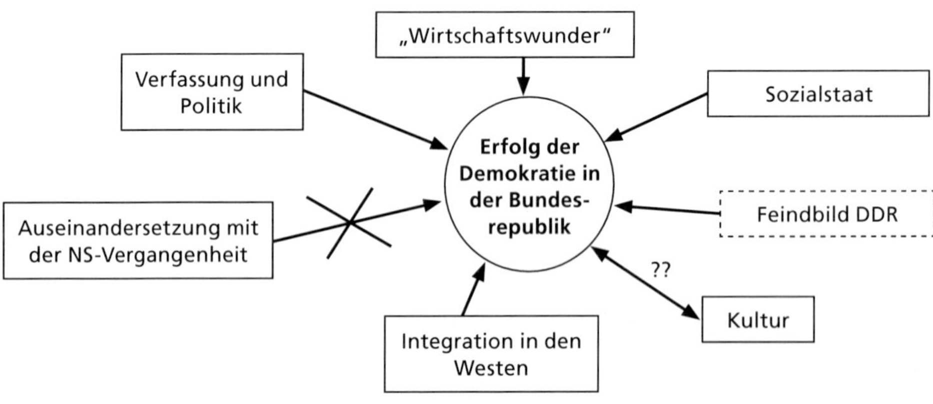

IV. Die DDR - Eine deutsche Alternative?

Zum Aufbau des Kapitels

Das Kapitel wird eingeleitet mit einer ganzseitigen Fotografie und einem Einleitungstext, der den Ansatz der sowjetischen Besatzungsmacht und der deutschen Kommunisten verdeutlicht, ein besseres Deutschland zu schaffen. Wie lange war jedoch dieses Ideal glaubhaft und wie konnte es geschehen, dass nach dem Verschwinden der DDR das alte Ideal in der Erinnerung verklärt wurde?

Daran schließen sich fünf Teilkapitel an, die strukturell folgende Aspekte thematisieren:
- Die Entstehung der DDR
- Der Aufbau des Sozialismus
- Die DDR und die Bundesrepublik
- Idylle hinter Stacheldraht
- Revolution, Wende und Wiedervereinigung

Da nicht damit gerechnet werden kann, dass den Schülerinnen und Schülern alle Fakten so präsent sind, wie es sich die Lehrplanmacher erhoffen, sind insbesondere in diesem Kapitel Wiederholungen eingebaut, die den Lernenden den für das Verständnis nötigen Hintergrund bieten.

Zu den Auftaktseiten (S. 262–263)

„Leben in der DDR“ lautet der Titel einer Publikation, die von Thomas Hoepker und Eva Windmoeller für den „Stern“ veröffentlicht wurde. Das Foto stammt von der Titelseite dieser Veröffentlichung. Hoepker (1936*) war als Fotograf für verschiedene Illustrierte tätig. 1974 wurde er als erster westlicher Fotograf in der DDR akkreditiert und vermittelte zusammen mit seiner Ehefrau Eva Windmoeller drei Jahre für den „Stern“ Bilder über das Leben im „anderen Deutschland“, wie die DDR im Westen auch genannt wurde. M 1
Auf dem Bild ist ein junges Liebespaar vor einem olivgrünen LKW des VEB IFA (Volkseigener Betrieb Industrieverband Fahrzeugbau) zu erkennen. Die militärische Kulisse wird durch das in sich versunkene Paar und die gelbe Farbe des Pullovers in ihrer Bedrohlichkeit relativiert.

Der Einführungstext geht von dem Selbstverständnis der DDR als „besseres Deutschland“ aus und nennt vier Jahreszahlen bzw. die mit ihnen verbunden Ereignisse, die aufzeigen, inwiefern das Selbstbild in Frage zu stellen ist. Darüber hinaus stellt der Text als Leitlinie für das gesamte Kapitel die Frage, wieso heute die „Ostalgie“ bei vielen Ostdeutschen zuzunehmen scheint.

Anregung zur Unterrichtsgestaltung

Obwohl das Bild eine Außensicht vermittelt, kann man zum Selbstbild der DDR als „anderes Deutschland“ gelangen, zumal der Einleitungstext Ansätze bietet. Man könnte sich in folgenden Schritten der Problematik nähern:
- Welchen Eindruck vermittelt das Bild, das in den westlichen Medien erschien?
- Wieso stellt es eine Neuerung im Hinblick auf die bundesrepublikanische Wahrnehmung der DDR dar? (Die als typisch wahrgenommene Aggressivität der „Ostzone“ wird relativiert!)
- Wie sah sich die DDR selbst?

Hierzu vgl. auch die folgenden Karikaturen, die den Willen der SED verdeutlichen sollen:

- Auf parteipolitischer Ebene die Fusionierung zwischen KPD und SPD: Die größere Figur, als Sinnbild der SED reicht der kleineren, Sinnbild der SPD, über die Elbe hinweg die Hand als Garantie für den gesellschaftlichen Frieden.
- Auf staatspolitischer Ebene wird die sich abzeichnende Teilung Deutschlands als Werk der großen Parteien CDU (die Figur in der Mitte stellt Konrad Adenauer (1876–1967) dar) und SPD (die rechte Figur stellt Kurt Schumacher (1895- 1952) dar) deutlich. Sie fungieren als Handlanger des amerikanischen Militärgouverneurs Lucius D. Clay (1897–1978), der Figur links im Bild.

Tafelbild 1:

Die DDR – Eine deutsche Alternative?

„Machtergreifung" Hitlers mithilfe der Industrie ← Kapitalistisches System

Schaffung eines besseren Deutschlands

1953 Volksaufstand

1961 Mauerbau

1968 Unterdrückung des Prager Frühlings

1976 Ausweisung Biermanns

= Unterdrückung des Volkswillens, Einschränkung der Freiheit
Wieso kann die DDR heute verklärt werden?

Karikatur 1

„Auch die Elbe ist kein Hindernis", Neues Deutschland, 1.5.1945

Karikatur 2

„Clay: ‚Nun schnell noch das letzte Stück durchgeschnitten, bevor die geplanten Einigungsverhandlungen in Gang kommen'", Neues Deutschland, 29.4.1949

1. Die Entstehung der DDR (S. 264–267, S. 290–291)

Zum Aufbau des Teilkapitels

In diesem Teilkapitel werden wichtige Entwicklungen innerhalb der SBZ von 1945 bis zur Gründung der DDR 1949 thematisiert.

Zu den Materialien

Auf dem roten Plakat reichen sich Wilhelm Pieck für die KPD (links) und Otto Grotewohl für die SPD (rechts) brüderlich die Hand, um die Einheit der Arbeiterbewegung und damit zugleich die Einheit Deutschlands, wie es im Aufdruck heißt, zu demonstrieren (zu den Lebensdaten vgl. S. 266). Pieck agiert vor dem übergroßen Portrait Wilhelm Liebknechts (1828–1900) und Grotewohl vor dem August Bebels (1840–1913), zweier Gründerväter der Sozialdemokratie, die im Gegensatz zu reformistischen Kreisen in der SPD den Sozialismus propagierten. M 3
Zur Gestensprache des Einheit stiftenden Händedrucks hilft auch ein Blick auf M2, das sich somit als inszeniert darstellt.

Der Aufruf des Zentralkomitees der Kommunistischen Partei als oberster Führungsinstanz weist drei Teile auf. M 24
Im ersten Teil werden die Fehler aus dem Jahr 1918 beschrieben:
- die Nichtbestrafung der Kriegsschuldigen und Kriegsverbrecher,
- das Fehlen eines Kampfes um eine wirkliche, direkte Demokratie,
- in der Folge davon kam es zur Spaltung der Linken, die die Einheitsfront gegen Hitler lähmte.

Im zweiten Teil werden die Ziele beschrieben, die zu verwirklichen sind:
- Vernichtung des Hitlerismus,
- Vollendung der bürgerlich-demokratischen Umbildung, wie sie 1848 begonnen wurde,
- Beseitigung feudaler gesellschaftlicher Überreste,
- Vernichtung des altpreußischen Militarismus,
- Vernichtung der ökonomischen (Gutsbesitzer, „Junker“) und politischen Ableger (z. B. konservative Parteien),
- Verzicht auf ein „Sowjetsystem“, d. h. ein Rätesystem,
- Aufrichtung eines antifaschistischen, demokratischen Systems,
- Errichtung einer parlamentarisch-demokratischen Republik,
- Kennzeichnung des Staates durch alle demokratischen Rechte und Freiheiten für das Volk.

Im dritten Teil werden die dringendsten Aufgaben skizziert:
- Beseitigung der Überreste der NSDAP,
- Bekämpfung der Not,
- freie Gewerkschaften,
- demokratischer Umbau der Judikative, d. h. Akzeptanz einer horizontalen Gewaltenteilung,
- Beibehaltung der sozialen Schichten,
- Aufbau demokratischer, antifaschistischer Parteien,
- Grundrechte für alle Bürger,
- demokratische Selbstverwaltung von unten nach oben, d. h. Aufbau einer vertikalen Gewaltenteilung.

M 25 In dem Bericht über eine Besprechung mit Walter Ulbricht wird deutlich, dass dieser Sozialdemokraten und Bürgerliche so in die Verwaltung einbauen möchte, dass die Fiktion der Demokratie gewahrt bleibt, die Kommunisten jedoch nach wie vor die Entscheidungsgewalt haben.

M 26 Die Quelle zeigt anschaulich, wie die sowjetische Militäradministration (SMAD) Druck ausübte, um die politische Entscheidung in ihrem Sinne zu beeinflussen. Folgende Maßnahmen wurden angewendet:
- Militärgerichtsbarkeit,
- Todesstrafe,
- Zwangsarbeit,
- körperliche und psychische Folter.

Zu den Aufgaben

1. Vgl. Tafelbild 2.
2. Vgl. Anm. zu M24.
3. Vgl. Anm. zu M25. Der Aussagewert der Quelle könnte aufgrund der politischen Einstellung Leonhards in Frage gestellt werden. Allerdings wird mit einem Blick auf die Literatur, die sich mit Walter Ulbricht beschäftigt, dessen zentrale Rolle und dessen Festhalten an stalinistischen Positionen deutlich.
4. Vgl. Anm. zu M26.

Einen differenzierten Zugang zur Geschichte der DDR bietet das Multimediaprojekt von MDR und WDR „Damals in der DDR“ (www.mdr.de/damals-in-der-ddr), das neben reichem Quellenmaterial unter anderem auch ein DDR-Lexikon enthält.

Anregungen zur Unterrichtsgestaltung

Tafelbild 2:

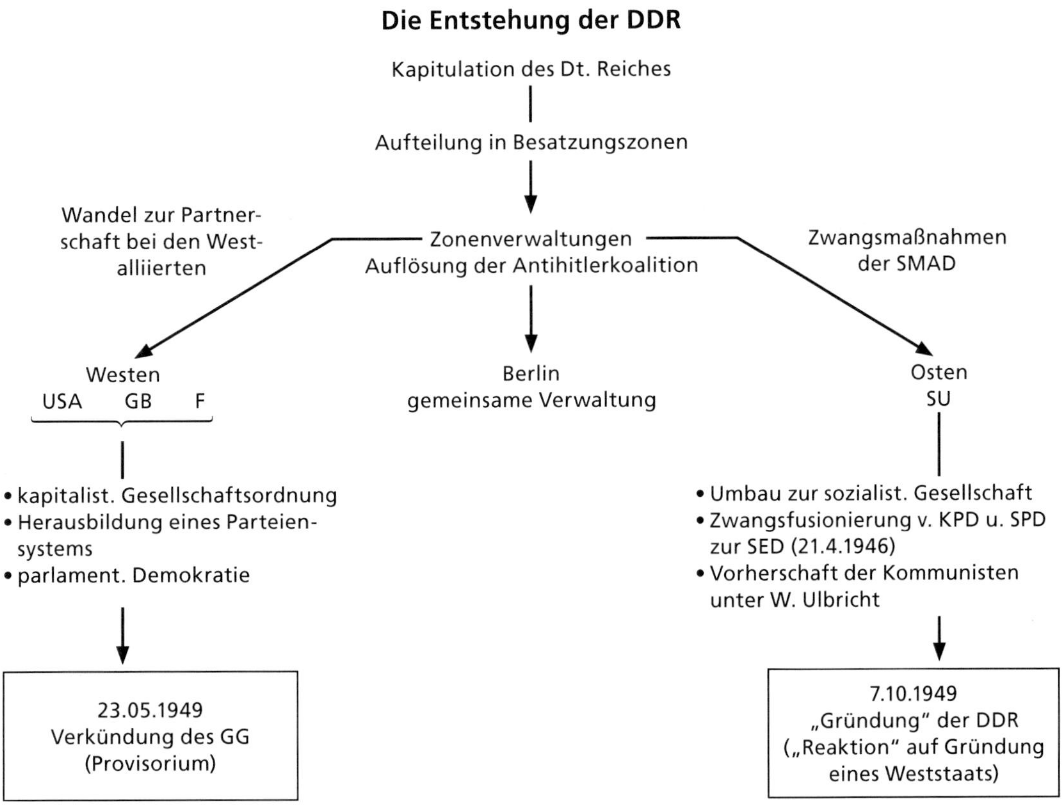

2. Der Aufbau des Sozialismus (S. 267–272, S. 292–293)

Zum Aufbau des Teilkapitels

Das Kapitel thematisiert die Jahre 1952 und 1953. Ausgehend von dem Bekenntnis Walter Ulbrichts, den Sozialismus mithilfe staatlicher Gewalt durchsetzen zu wollen, werden drei Beispiele dargestellt, wie er durchgesetzt werden sollte. Beleuchtet werden die nicht gelungene Kollektivierung der Landwirtschaft, der Aufbau „Nationaler Streitkräfte" und der Kirchenkampf, der die Unzufriedenheit der Bevölkerung verstärkte. Nach dem Tod Josef Stalins sollten die bisherigen Maßnahmen einer Neuausrichtung unterzogen werden. Da dies allerdings nur unvollständig geschah, kam es am 17. Juni 1953 zum Volksaufstand in der DDR.

Zu den Materialien

Das Propagandaplakat zeigt, wie eng sich die Führung der DDR an die Methoden und Darstellungsformen der Sowjetunion annäherte. Im Grunde wurde ein sowjetisches Plakat abgedruckt und kommentiert, wenn es als Überschrift heißt: „Von den Sowjetmenschen lernen heißt siegen lernen" bzw. wenn die Aufschriften in kyrillischer Schrift als Marginale bzw. als Unterschrift einfach übersetzt wurden. **M 4**

M 27 Die Quelle illustriert die Folgen der Normerhöhung für die Arbeiterschaft, d. h. eine Verschlechterung des Lebensstandards, begründet durch:
- die allgemeinen schlechten Verhältnisse,
- die Notwendigkeit, Materialien und Werkzeuge aus dem Westen für D-Mark zu erwerben,
- die Unzulänglichkeit der bereitgestellten Werkzeuge für Akkordarbeit.

Die SED versuchte ihre Ziele durchzusetzen mithilfe von:
- Versprechungen: z. B. höherer Lebensstandard, Altersversorgung,
- psychischen Druck,
- Betriebsversammlungen mit öffentlicher Stimmabgabe,
- Abstimmungsfälschung durch Herbeiziehung Betriebsfremder und Nichtberücksichtigung von Stimmenthaltungen, Wahlfälschungen.

M 28 Spezifische politische Forderungen waren:
- Wegfall des Ausnahmezustands,
- freie gesamtdeutsche, geheime Wahlen,
- Wegfall der Zonengrenzen und freier Paketverkehr mit Westdeutschland,
- Auflösung der Volkspolizei,
- Freisetzung der Inhaftierten des Volksaufstands.

M 29 Der allgemeine Volksaufstand lief nach der Aktennotiz der Bezirkspolizei Gera so ab:
- Zusammenlauf von Protestierenden,
- Aufruf an die Volkspolizei; Skandieren von Parolen,
- Hinwendung der Menge zur Kreisleitung der Stadt Gera,
- Ansprache eines Beteiligten,
- Sprechchöre,
- Versuch, ein Ulbricht-Portrait zu entfernen,
- Entfernung eines Transparents der SED,
- Auflösung durch die Volkspolizei.

Zu den Aufgaben

1. Vgl. die Anm. zu M27.
2. Vgl. die Anm. zu M28.
3. Vgl. die Anm. zu M29.
4. Vgl. hierzu den Autorentext auf S. 272.
5. Bei der Internetrecherche wird die unterschiedliche Wiedergabe des Bildes deutlich, auch der Abdruck im Schulbuch ist beschnitten. Zum Kontext des Bildes vgl. insbesondere die Seiten des Deutschen Historischen Museums in Berlin (www.dhm.de) bzw. die Seiten von German History in Documents and Images (www.germanhistorydocs.ghi-dc.org).
   Die Instrumentalisierung des Bildes wird deutlich unter Google: Bilder, 17. Juni 1953.

Anregungen zur Unterrichtsgestaltung

Im Gegensatz zur chronologischen Darstellung im Buch könnte am Anfang der Unterrichtsstunde der Volksaufstand den Ausgangspunkt bilden.

Die zwei im Folgenden als Zusatzmaterial abgebildeten Karikaturen (Seite 74 und 75) aus der DDR verbildlichen den Vorwurf, der Aufstand sei vom Westen inszeniert. Auf der ersten Karikatur wird in sechs Bildern gezeigt, wie:
- Neonazis durch Geldmittel bestochen werden, um
- über dem Gebiet der DDR abzuspringen und dort als

- Bauern,
- Arbeiter
- und Intelligenz als gewalttätige Unruhestifter und Brandstifter aufzutreten.
- Letztlich werden sie verletzt aus der DDR vertrieben und kehren in die offenen Arme Konrad Adenauers zurück.

Die zweite Karikatur verdeutlicht die Behauptung, dass der Volksaufstand durch westliche Medien, insbesondere durch den RIAS (Rundfunk im amerikanischen Sektor) geschürt worden sei. Zu sehen sind:
- ein von rassistischen Stereotypen gekennzeichneter amerikanischer Soldat (Hautfarbe, Mund),
- der mit schlechten Manieren (Füße auf dem Tisch) und alkoholisiert (vgl. die Flaschen links neben bzw. auf dem Schreibtisch),
- eine aggressive Revanchepolitik, Intervention, Antibolschewismus, Spionage und Sabotage (Anfangsbuchstaben ergeben das Kürzel RIAS) im Rundfunk predigt.
- Konkrete Angriffspläne liegen bereits auf dem Tisch.
- Hinter ihm lächeln der Reichspropagandaminister Joseph Goebbels und der „Führer“.

Letztlich wird die Politik des Westens als Fortsetzung des Faschismus dargestellt.

Als zweiter Schritt bietet sich an, mithilfe der Quellen im Buch herauszufinden, welche anderen Beweggründe für den Volksaufstand vorhanden waren.

Tafelbild 3:

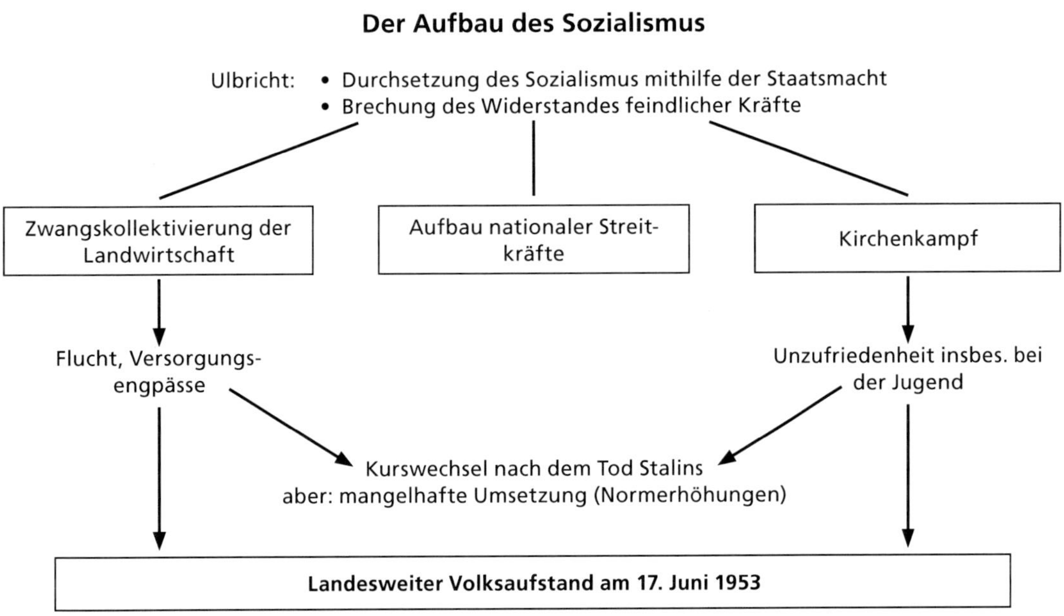

Karikatur 1

1 Die Unruhen entstanden spontan

2 An ihnen beteiligte sich die Bevölkerung der DDR

3 Bauern

4 Arbeiter

5 Die Intelligenz

6 Die Bonner Regierung sprach den Opfern des 17. Juni ihre Anteilnahme aus

Aus: Krokodil/Moskau, Jg. 1963, Nr. 22.

Karikatur 2

Undatierte ostdeutsche Karikatur

3. Die DDR und die Bundesrepublik (S. 272–276, S. 294 –295)

Zum Aufbau des Teilkapitels

Das Kapitel thematisiert das deutsch-deutsche Verhältnis seit dem Mauerbau, wobei die Ursachen des Mauerbaus sowie dessen Folgen für die Politik der Bundesrepublik und der DDR im Zentrum stehen.

Zu den Materialien

M 31 Von den drei Verfassungen der DDR werden jeweils die Präambeln vorgestellt, um die Wandlungen der Verfassungen zu verdeutlichen.
1949 werden folgende Ziele genannt:
- Freiheit,
- Soziale Gerechtigkeit,
- Freundschaft mit allen Völkern,
- Existenz von Ländern innerhalb des Staates.
- Menschenrechte,
- Fortschrittsorientierung,
- Einheit Deutschlands,

1968 verändern sich die Ziele in Hinsicht auf:
- Verantwortung für die ganze deutsche Nation,
- Schaffung von Frieden und Sozialismus,
- Kennzeichnung Westdeutschlands und der USA als Verantwortliche für die Spaltung Deutschlands,
- sozialistische Verfassung,
- aber: Festhalten an der deutschen Nation.

1974 werden andere Schwerpunkte genannt:
- Berufung auf die revolutionäre Tradition der deutschen Arbeiterklasse,
- Befreiung vom Faschismus,
- Einklang des Staates mit der marxistischen Lehre,
- Neues Selbstverständnis der DDR als sozialistischer Staat der Arbeiter und Bauern; Verzicht auf den Begriff der „Nation“.

M 32 a) Egon Bahr stellt folgende Aspekte heraus:
- Aussichtslosigkeit einer Politik, die zum Sturz des DDR-Regimes führt,
- Möglichkeit der Veränderungen nur mithilfe des Regimes,
- Interpretation der Mauer als Zeichen der Schwäche und der Angst,
- Aufgabe der westdeutschen Regierung muss es sein, die Angst des DDR-Regimes zu verringern, dadurch
- Auflockerung der Grenzen unter der Formel: Wandel durch Annäherung.

b) Willy Brandt hält an der Einheit der Deutschen – bedingt durch Sprache und Geschichte – fest. Er spricht zum ersten Mal von zwei deutschen Staaten, die füreinander aber nicht Ausland sein können.

M 33 a) Festschreibung folgender Aspekte im Grundlagenvertrag:
- Gleichberechtigung zwischen DDR und Bundesrepublik,
- Charta der Vereinten Nationen als Maßstab des gemeinsamen Verhältnisses: Daraus resultiert die Akzeptanz der jeweiligen Souveränität und die Einhaltung der Menschenrechte,
- Austragung von Streitigkeiten nur mit friedlichen Mitteln,
- Unverletzlichkeit der Grenzen, Verzicht auf Alleinvertretungsanspruch.

b) „Der Brief zur deutschen Einheit" ist vor allem vor dem Hintergrund zu sehen, dass die konservative Opposition die Brandt'sche Ostpolitik im Allgemeinen und den Grundlagenvertrag im Besonderen als Verzicht auf traditionelle Positionen sah, insbesondere auf das Gebot der Wiedervereinigung als Ziel des Grundgesetzes.

Zu den Aufgaben

1. Vgl. Anm. zu M31.
2. Vgl. Anm. zu M32a.
3. Vgl. Anm. zu M32b.
4. Vgl. Anm. zu M33.

Anregung zur Unterrichtsgestaltung

Das Tafelbild 4 könnte im ersten Teil, d. h. bis zum Begriff „Mauerfall", als Hilfe für einen Lehrervortrag dienen. Im Anschluss daran können gruppenweise die Folgen für die Bundesrepublik bzw. für die DDR herausgearbeitet werden. Dabei sollten eigene Schwerpunkte gesetzt werden. Die Skizze folgt der Argumentationslinie des Autorentextes und könnte so zur Ergebnissicherung bzw. als Anknüpfung (etwa für die Wiederholung am Anfang der nächsten Stunde) dienen.

Als Einstieg für die Thematik eignet sich die als Zusatzmaterial abgedruckte Karikatur aus dem „Neuen Deutschland" (Karikatur 2, S. 78). Sie ist nach dem Mauerbau entstanden und stellt die Grenzsicherung als eine Art Wache dar, die vom Westen aus betrachtet hinter dem Brandenburger Tor freundlich Überlegenheit demonstriert.

Die westliche Sicht unterscheidet sich erheblich, wie die fast zeitgleiche Karikatur aus der „Welt" zeigt (Karikatur 1, S. 78): Ein griesgrämiger Walter Ulbricht sitzt in sowjetischer Uniform mit Maschinenpistole im Anschlag auf dem vergitterten Brandenburger Tor. Der unfreundliche politische Akt wird hier signifikant.

Tafelbild 4:

Die DDR und die Bundesrepublik

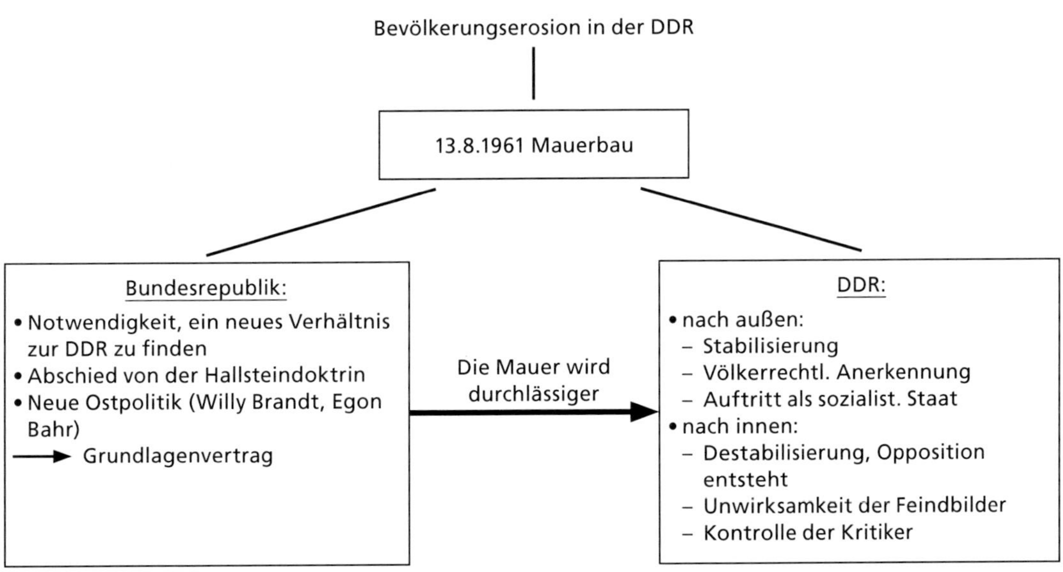

Karikatur 1

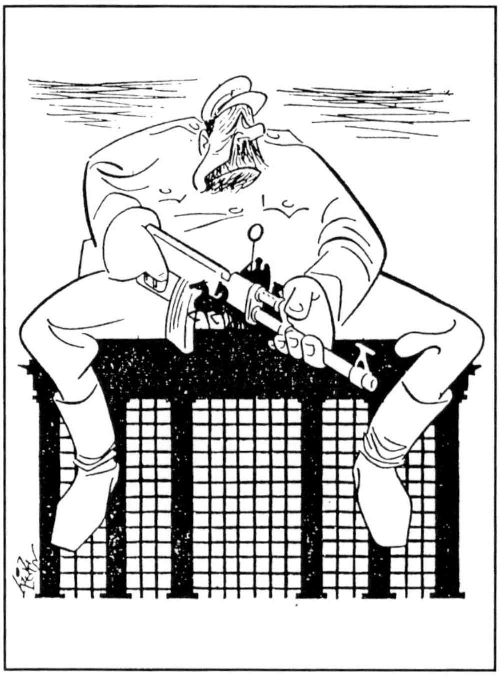

Aus: Die Welt, 14.8.1961

Karikatur 2

Aus: Neues Deutschland, 23.8.1961

4. Idylle hinter Stacheldraht (S. 277–281, S. 296–297)

Zum Aufbau des Teilkapitels

Das Kapitel verdeutlicht die Widersprüchlichkeit der DDR und leistet so einen Beitrag dazu, die Verklärung der DDR-Vergangenheit zu ergründen. Der Autorentext stellt drei Gegensätzlichkeiten heraus: Die Unvereinbarkeit der Idylle mit der staatlichen Kontrolle; die Unvereinbarkeit von staatlicher Versorgung und der zu geringen Finanzkraft der DDR (Stichwort: „Ölkrise“) und das Auseinanderdriften von politischem Handeln und den dadurch erzielten Effekten am Beispiel der Genehmigung von Ausreiseanträgen.

Die subjektiv wahrgenommene Idylle steht nicht mit den objektiv vorhandenen und wahrnehmbaren Fehlern und Unzulänglichkeiten im Einklang. Wichtig ist allerdings der Hinweis, dass die Idylle selbst Element der Herrschaftssicherung der DDR war. Überspitzt heißt das: Wer in der Nische sitzt, betätigt sich nicht politisch, wer sozial versorgt wird, muss kein Engagement zeigen.

Zu den Materialien

Die Satirezeitschrift Eulenspiegel, das einzige Satiremagazin der DDR, zeigt hier den Widerspruch zwischen der nach außen propagierten Fortschrittlichkeit im Rollenverständnis der DDR und dem Fortbestehen traditioneller Rollenmuster. Die junge Frau versorgt das Kind. Sie hat in der linken Hand eine Einkaufstasche, in der rechten die Aktenmappe als Symbol für die Berufstätigkeit und unter dem Arm eine Einkaufstüte eines Modehauses, die zeigt, dass sie bei allen ihren Belastungen um Attraktivität bemüht ist. Die Bildunterschrift „Junge Frau von 1975 – nicht mehr kleinzukriegen“ verweist einerseits auf den bisher erreichten Erfolg der Frauen, deutet jedoch auch die Mühe an, die dieser Erfolg gekostet hat. Dem gegenübergestellt wird das Bild, dass die männliche Bevölkerung von der Rolle der Frau hat: Sie würde die Frau am liebsten zurück an den Herd winken, als Beifahrerin oder in der Rolle einer Kellnerin sehen. M 14

Die Botschaft des Bildes ist nicht eindeutig. Einerseits wecken Bilder von modernen, in Wohnhausgruppen gestalteten Städten, negative Assoziationen, wozu die graue Farbe des Betons und die Leere beitragen. Andererseits gilt eine offene, in die Fläche ausweichende, Bebauung als – nicht immer geglückter – Versuch die monotone Blockbebauung der Städte, wie sie bis zur Mitte des 20. Jahrhunderts vorherrschte, aufzulockern und den Bewohnern so eine teilweise begrünte Fläche und offene Stadtlandschaft zu bieten. Insbesondere die Zerstörung der deutschen Städte im Zweiten Weltkrieg ermöglichte es, diese seit den 30er-Jahren vorhandenen städtebaulichen Ideen in Ost- und Westdeutschland mit lokal unterschiedlicher Intensität umzusetzen. M 15

Honecker nennt als Ziele des Städtebaus: M 35

- Festigung von Stolz und Heimatgefühl bei den Werktätigen,
- Förderung der sozialistischen Lebensweise,
- Erleichterung des Lebens insbesondere für Frauen,
- Orientierung an den sozialen Bedürfnissen,
- niedrige Mieten,
- Aufhebung der versteinerten Gegensätze von Arm und Reich,
- Schaffung eines Wohlgefühls für alle Menschen,
- Schaffung menschlicher Wärme und sozialer Geborgenheit für Kinder.

M 36 Kritik an den Neubausiedlungen:
- Trostlosigkeit,
- Langeweile,
- Anonymität,
- fehlendes Bewusstsein für die Städte als Arbeitsstätte von Frauen,
- geringe Infrastrukturausstattung:
  - geringe Größe der Zimmer,
  - Fehlplanungen insbesondere bei Küchen, Bad und Kinderzimmern,
  - keine Möglichkeiten, Sport zu treiben;
  - kein Zugang zu Naherholungsgebieten.

M 37 M 38 Die Anzeigen für teilweise 18 Jahre alte Autos und die hohen Preise zeigen, dass ein erheblicher Bedarf an Autos, Motorrädern (MZ), Bohrmaschinen, Rasenmähern und Kompressoren vorhanden war, der von der Industrie der DDR nicht gedeckt werden konnte. Staatlich verordnete Preisabsprachen zeigen sich in Mangelsituationen als nicht wirksam und ermöglichten erhebliche Gewinne für den Händler.

Zu den Aufgaben

1. Vgl. Anm. zu M15, M35, M36.
   Vergleichsmaterial zum Wiederaufbau von Städten in Westdeutschland bietet: Ferdinand Stracke, Tradition versus Moderne – Wiederaufbau in Deutschland, in: Wiederaufbau und Wirtschaftwunder. Aufsätze zur Bayerischen Landesausstellung 2009, hrsg. v. Christoph Daxelmüller u. a. (Veröffentlichungen zur Bayerischen Geschichte Bd. 57), Augsburg 2009, S. 38–55.
2. Vgl. Anm. zu M37 und M38.

Anregungen zur Unterrichtsgestaltung

Tafelbild 5:

Idylle hinter Stacheldraht

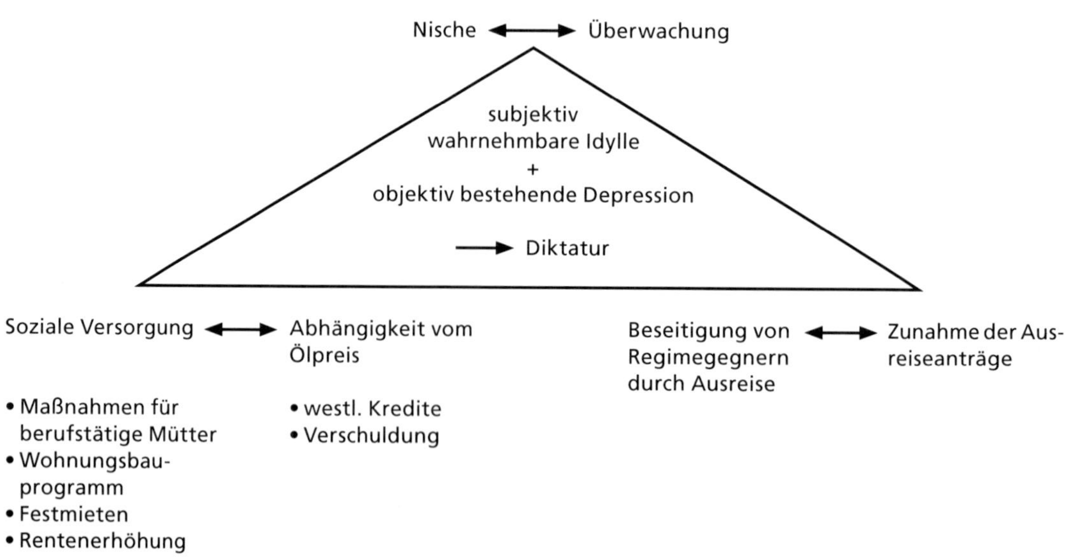

5. Revolution, Wende und Wiedervereinigung (S. 281–287, S. 298–299)

Das Kapitel betont insbesondere die Rolle von Kirche und Friedenbewegung für die Veränderungen in der DDR und letztlich deren Auflösung. Andere Faktoren, wie der wirtschaftliche Niedergang oder die Vielzahl von Ausreiseanträgen wurden bereits im vorangegangenen Kapitel erläutert. Neben der besonderen politischen Konstellation im Europa des Jahres 1989 steht die Formierung der Opposition in der DDR im Mittelpunkt. Ein kurzer Abriss des Vereinigungsprozesses und Hinweise auf die aktuellen Problemlagen der Deutschen Einheit beschließen das Kapitel.

Zu den Materialien

a) Die Initiative für ein „Neues Forum" stellt folgende Aspekte in den Mittelpunkt ihres Aufrufs: M 39
- Feststellung einer Kommunikationsstörung zwischen Staat und Gesellschaft,
- Nichtfunktionieren eines gesellschaftlichen Interessensausgleichs,
- Fehlen einer offenen Diskussion von Lösungsansätzen,
- Bestrebungen, das Warenangebot auszuweiten,
- Verbesserung der Versorgung,
- Abkehr vom ungehemmten Wachstum aufgrund sozialer und ökologischer Kosten,
- Forderung nach mehr wirtschaftlichem Spielraum,
- Bewahrung des Bewährten und Platz für Erneuerung,
- Forderung einer sparsamen und weniger naturfeindlichen Lebensweise,
- geordnete Verhältnisse ohne Bevormundung,
- Schutz vor Gewalt ohne Bespitzelung,
- Anerkennung des Leistungsprinzips,
- keine Nachteile für sozial Schwache und Wehrlose,
- Schaffung eines wirksamen Gesundheitswesens,
- Teilhabe an Export und Welthandel,
- Aufruf zu einem demokratischen Dialog für die ganze DDR, an dem Menschen aus allen Berufen, Lebenskreisen u. a. teilnehmen sollen.

b) Im Aufruf der Gruppe „Vereinigte Linke" werden folgende Aspekte in den Vordergrund gestellt:
- Appell an alle politischen Kräfte in der DDR, die sich für einen demokratischen und freiheitlichen Sozialismus einsetzen,
- Ausarbeitung eines realistischen, politisch tragfähigen und durchgreifenden politischen Programms für eine sozialistische Umgestaltung der DDR,
- Erneuerung des sozialistischen Gesellschaftskonzepts ohne politbürokratische Unterdrückung als Gegenmodell zur kapitalistischen Ausbeutung,
- gemeinsame Grundlagen bilden: gesellschaftliches Eigentum von Produktionsmitteln, größere Selbstbestimmung der Produzenten, soziale Sicherheit und Gerechtigkeit für alle Gesellschaftsmitglieder, Demokratie, Rechtsstaatlichkeit und Menschenrechte, freie Entfaltung des Individuums, ökologischer Umbau der Industriegesellschaft.

Auffallend an der Statistik ist, dass die negativen Aspekte der SED-Herrschaft im Verlauf der Zeit verklärt werden, etwa bei den Fragen: „Die Bevölkerung fühlte eine richtige Befreiung, als das SED-Regime gestürzt war", „Die SED hat uns alle betrogen" oder „Man fühlte sich in der DDR unfrei und gefangen" und „Man hat sich bespitzelt gefühlt, konnte kaum jemanden trauen". Interessant ist auch das Abklingen und das Wiedererstarken bei der Behauptung „Nach dem Zusammenbruch der DDR war man völlig verunsichert, alle Ideale waren einem M 40 genommen.“. Insbesondere dieser Aspekt zeigt, dass sich viele Hoffnungen in einem vereinten Deutschland nicht erfüllten.

Die Statistik verdeutlicht ferner, dass durch die Aufarbeitung der Geschichte der DDR ein stärkeres Bewusstsein für die Taten der Stasi und der SED entstanden ist („Niemand hat es für möglich gehalten, zu welchen Taten Stasi und SED fähig waren“).

Zu den Aufgaben

1. Vgl. Anm. zu M39
2. Vgl. Anm. zu M39

Anregungen zur Unterrichtsgestaltung

Tafelbild 6:

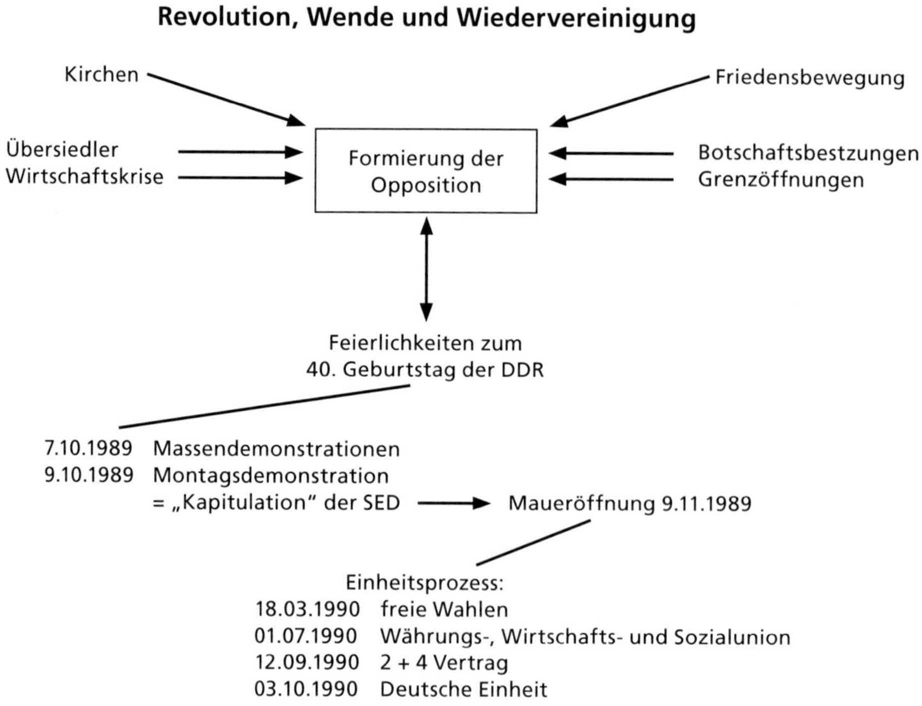